KERTOMUS HYVINVOINTIVALTIOSTA

MUKANA TEKIJÄNÄ, NÄKIJÄNÄ JA HAAVEILIJANA

Kansi: Solja Temmes

Taitto: Marko Oja

Kustantaja: BoD – Books on Demand, Helsinki, Suomi

Valmistaja: BoD – Books on Demand, Norderstedt, Saksa

ISBN 978-952-8023-40-1

Sisältö

ALUKSI

Tämä kirja on kahden kokeneen hallinnon kehittäjän puheenvuoro, jonka tarkoitus on valaista hyvinvointivaltion rakentamista ja kehitystä sekä sen takana olleita tekijöitä. Keskeinen sysäys kirjan synnylle on ollut se, miten kevein perustein hyvinvointivaltio-termiä käytetään julkisessa keskustelussa. Kirja on näkemyksellinen narratiivi eli tarina siitä, miten hyvinvointivaltio lähti pienistä puroista liikkeelle. Näkemys on virkamies- ja kehittäjänäkemys.

Hyvinvointivaltion ensimmäistä rakennuskautta koskeva katsaus pohjautuu silloisten johtavien virkamiesten työhön hyvinvointivaltion aikaansaamiseksi. Tätä tarkastellaan komiteasihteerin näkökulmasta, jolloin nuori virkamies sai silloin poikkeuksellisen hyvän mahdollisuuden seurata tarvittavia uudistuksia sisältäpäin.

Kirjan ensimmäinen tarkasteluajanjakso ovat vuodet 1956–1987, jona aikana suomalainen hyvinvointivaltio sai perusrakenteensa. Keskeisinä virstanpylväinä voidaan mainita pääministeri Paasion työryhmän raportti vuodelta 1967 ja ehkä viimeisin merkittävä askel hyvinvointivaltion rakenteissa toteutettu ympäristöministeriön perustaminen vuonna 1983. Tämän jälkeen uudistukset ovat olleet lähinnä hyvinvointivaltion ohjausjärjestelmien ja toimintamallien uudistamista.

Merkillepantavaa on se, että suomalainen hyvinvointivaltio rakennettiin hyvin lyhyessä ajassa. Tämä oli mahdollista suomalaisen oikeusvaltiotradition ansiosta. Oikeusvaltiotraditio kytki meidät ruotsalaiseen ja pohjoismaiseen hallintotraditioon. Ruotsin esimerkki olikin keskeinen silloin kun Suomessa ruvettiin kehittämään hyvinvointivaltiota. Ruotsin ja laajemmin pohjoismaisten mallien taustalla oli lähinnä ranskalais-saksalainen oikeustraditio.

Hyvinvointivaltion rakentaminen ei ollut muusta kehityksestä irrallinen ilmiö, vaikka olikin kehittämisen keskeinen tavoite. Sillä on oma jatkumonsa 1950-luvulla alkaneesta varhaisesta kehitystyöstä aina nykypäivään. Hyvinvointivaltion kehittämisen poliittinen läpimurto oli pääministeri Rafael Paasion hallituksen ohjelma vuodelta 1966.

Hyvinvointivaltiokehityksen pohjana oli edellä mainittu oikeusvaltio ja eräitä irrallisia uudistuksia kuten jo ennen sotia rakennettu kansaneläkejärjestelmä. Pääasiallinen systemaattinen kehitystyö tehtiin kuitenkin 1950-luvun lopulta alkaen.

Seuraavassa esitetyt näkemykset ja suuntaviivat perustuvat kirjoittajien omiin kokemuksiin ja autenttisiin aineistoihin, erityisesti keskeisten komiteoiden mietintöihin. Komiteat olivatkin avainasemassa hyvinvointivaltion rakennustyössä. Aiemmin samaa teemaa on sivuttu hallintoseniorien (Joustie, Kivelä, Kuusela, Temmes, Tiihonen) aikalaisanalyysissä suomalaisen hyvinvointivaltion lähtökohdista, kehityksestä ja ongelmista, johon keskittyvä artikkeli julkaistiin *Hallinnon tutkimus* -lehdessä 2/2015.

KÄSITTEET

Käsite hyvinvointivaltio ovat moniselitteinen. Määritelmiä löytyy kirjallisuudesta monia mutta keskeistä niissä on valtion kansalaisilleen takaamat sosiaaliturva ja hyvinvointipalvelut. Kirjoittajat eivät pyri käsitettä kovin yksityiskohtaisesti määrittelemään vaan kirjassa esitetään kuvauksia konkreettisista kehittämishankkeista ja suuntaviivoista, jotka ovat johtaneet hyvinvointivaltion rakentamiseen ja kehitykseen. Hyvinvointivaltiota tarkastellaan pohjoismaisena hyvinvointivaltiona.

Kirjassa ei juurikaan pohdita poliittisia painotuksia, jotka mahdollistivat hyvinvointivaltion toteutumisen ja sen kehittämisen. Kirjassa keskitytään hallinnon ja virkamiesten panokseen, joka oli hyvin merkittävä konkreettisessa kehittämistyössä.

Edellä kuvatun mukaisesti näkökulma tarkasteluun on tietoisesti hallintolähtöinen. Katsomme hyvän hallinnon, osaavien virkamiesten ja toimivan koneiston olleen ja olevan keskeistä hyvinvointivaltion rakentamisessa, vaikka käsite on toki laajempi.

VIITTAUKSIA MYÖS TÄHÄN PÄIVÄÄN

Vaikka kirjassa pääpaino onkin hyvinvointivaltion rakentamisessa niin kirjoittajien on ollut mahdotonta olla kokonaan vertailematta aiempaa kehittämistyötä tähän päivään. Hyvä esimerkki koko hyvinvointivaltion kehitystä määrittelevästä muutoksesta on kehitys keskityksestä hajautukseen. Lisäksi monet aiemman kehitystyön kokemukset linkittyvät myös tämän päivän tekemiseen, prosesseihin ja osaamiseen. Tärkeä ilmiö oli esimerkiksi tietotekniikan mukaantulo hyvinvointivaltion järjestelmiin. Se alkoi jo 1970-luvun alussa ja on ollut pitkä ja monivaiheinen prosessi. Kehitystä yritettiin hallita aluksi keskitetysti mutta se hajaantui myöhemmin eri puolelle hallintoa; tänä päivänä ollaan jälleen palattu keskitetympään järjestelmään.

Hyvinvointivaltion kasvualustalle on vuosien mittaan tullut erilaisia hyvinvointia edistäviä menoeriä. Tämä kehitys on ilmeisesti, väestön ikääntymisen ohella, kaikkein merkittävin hyvinvointivaltion kustannuksia lisäävä tekijä. Julkisessa keskustelussa tätä ei aina tunnuta ymmärtävän.

Virkamiehet hyvinvointivaltion rakentajina

Virkamiehet olivat keskeisessä roolissa hyvinvointivaltiota rakennettaessa. Tämä edellytti heidän osaamisensa jatkuvaa kehittämistä koulutuksen ja muiden tukitoimien kautta. Keskitetty virkamieskoulutus käynnistyi 1970-luvun alussa ja sen kehitys on ollut monin tavoin kiintoisa myös eurooppalaisessa tarkastelussa.

Suomalainen hyvinvointivaltio on tunnettu ja arvostettu maailmalla. Sen syntyhistoriasta, kehitysvaiheista ja tämän päivän haasteista ollaan jatkuvasti kiinnostuneita myös kansainvälisesti.

Kenelle?

Tämä kirja on kirjoitettu puheenvuorona lukijalle, joka haluaa saada nopean yleiskuvan hyvinvointivaltion rakentamisesta ja sen kehitysvaiheista. Siinä myös nostetaan esille kysymyksiä hyvinvointivaltion turvaamisen ja edelleen kehittämisen tämän päivän haasteista. Se ei ole akateeminen tutkimus eikä kirjoittajien muistelmateos. Kirjoittajat pyrkivät lyhyesti ja pelkistetysti hahmottamaan keskeiset tapahtumat sekä monet syyt ja seuraukset, jotka voivat auttaa myös tänä päivänä käytävää, osin kovin epäselvää ja ristiriitaista keskustelua hyvinvointivaltiosta.

Kirjoittajat

HTT, KTL, OTK Markku Temmes on tehnyt pitkän uran hallinnon kehittäjänä, hallinnon tutkijana ja hallinto-opin professorina. Virkamiehenä toimiessaan Markku Temmes oli useissa keskeisissä komiteoissa mukana sihteerinä ja jäsenenä. Hän oli myös ensimmäisiä suomalaisia virkamiehiä, joka lähettiin kansainvälisiin (erityisesti Pohjoismaat ja OECD) kokouksiin oppimaan kansainvälisiä virtauksia ja välittämään niitä Suomeen. Temmes pääsi hyödyntämään hallinnon käytännön osaamistaan myös hallinto-opin professorina Helsingin yliopistolla sekä useiden väitöskirjojen tarkastajana ja vastaväittäjänä muissa yliopistoissa Suomessa ja Virossa.

HTL Anneli Temmeksen päätoimialueena on ollut virkamieskoulutus ja hallinnon kehittämishankkeet. Anneli Temmes on tehnyt pitkän uran HAUS kehittämiskeskuksessa ja sen edeltäjissä, viimeisimmässä tehtävässään HAUSin toimitusjohtajana. Hän on kotimaan työn lisäksi toiminut lukuisissa kansainvälisissä hallinnon kehittämishankkeissa erityisesti Keski- ja Itä-Euroopan uusien demokratioiden hallintoa ja virkamieskoulutusta rakennettaessa.

Kiitokset

Tämä kirja kirjoitettiin korona-karanteenin ensimmäisinä kuukausina. Lämmin kiitoksemme hallintosenioreille Juhani Kivelälle, Heikki Joustielle, Jaakko Kuuselalle ja Seppo Tiihoselle, jotka lähettivät arvokkaita kommentteja ensimmäiseen luonnokseemme omista karanteeneistaan. Kiitos Marko Ojalle ammattimaisesta kirjan taittamisesta. Kiitos myös tyttärillemme Solja Temmekselle kannen suunnittelusta ja kuvista, Maria Temmekselle kriittisistä kysymyksistä ja parannusehdotuksista sekä Saana Temmekselle ICT-tuesta myös tässä kirjoitustyössä.

Helsingissä 3.4.2020

Markku Temmes   *Anneli Temmes*

HYVINVOINTIVALTION RAKENNUSKAUDET

Olemme jakaneet hyvinvointivaltion rakentamisen seuraaviin vaiheisiin: hyvinvointivaltion ensimmäinen rakennuskausi vuosina 1956–1987, hyvinvointivaltion toinen rakennuskausi vuosina 1987–2007 sekä hyvinvointivaltion kolmas kehitysvaihe vuodesta 2007 alkaen. Kirjallisuudesta löytyy myös muita jaksotuksia näkökulmista riippuen mm. Sami Karhun tekemässä valtiovarainministeriön järjestelyosaston historiikissa (2006).

ENSIMMÄINEN RAKENNUSKAUSI

Hyvinvointivaltion ensimmäinen rakennuskausi alkoi 1950-luvun puolivälissä komeasti työeläkeuudistuksella, jonka avainhenkilö oli Teivo Pentikäinen. Tätä selvittävä komitea nimitettiin vuonna 1956. Uudistus saatiin toteutettua Suomessa osapuolten hyvällä yhteistyöllä toisin kuin Ruotsissa, jossa uudistus johti vaikeisiin poliittisiin riitoihin. Toinen vähintään yhtä merkittävä aloite oli kouluohjelmakomitea (1956), jonka puheenjohtajana oli kouluhallituksen pääjohtaja R.H. Oittinen. Myöhemmin hän ja kouluhallituksen nuorena pääjohtajana vuonna 1973 aloittanut Erkki Aho jatkoivat vaikeaa mutta ratkaisevasti tärke-

ää Suomen perusopetuksen uudistamista tasa-arvoiseksi ja kaik-
kia lapsia koskevaksi. Näiden uudistusten taustalla oli vuoden
1952 Helsingin olympialaisten sekä sotakorvausten päättymi-
sen luoma uusi toiveikas ilmapiiri. Suomessa myös Korean sota
mahdollisti viennin ja talouden nopean kasvun, mikä edesauttoi
investointien suuntaamista myös hyvinvointitehtäviin ja kehitty-
vään hallintoon.

Hyvinvointivaltion uudistaminen alkoi hyvin niukoista läh-
tökohdista. Valtionhallinnon palveluksessa 1960-luvulla oli noin
100 000 virkamiestä, joista huomattava osa postin ja rautateiden
palveluksessa. Uusia virkoja perustettiin runsaasti 1960-luvulta
alkaen nimenomaan hyvinvointivaltion tehtäviin. Kaikki tämä
tapahtui keskitetyn järjestelmän puitteissa.

Ensimmäinen hyvinvointivaltion rakentamiskausi, pionee-
rivaihe, nojasi perinteiseen oikeusvaltioon ja vanhoihin käy-
täntöihin budjettisuunnittelussa. Tällä kaudella suunniteltiin
komiteatyönä joukko organisaatiouudistuksia, joiden selkeänä
tavoitteena oli hyvinvointivaltion vahvistaminen.

TOINEN RAKENNUSKAUSI

Hyvinvointivaltion toinen rakennuskausi toteutui hajautuksen
merkeissä vuodesta 1987 alkaen. Tällöin kehittämishankkeita oli
runsaasti. Myös monia uusia virkoja perustettiin eri hallinnon-
aloille. Tätä kautta voidaan kokonaisuudessaan kutsua tulosjoh-
tamisen kaudeksi, sillä siinä keskitetty budjettiohjaus korvattiin
tulosohjauksella ja virastojen toivottiin rakentavan sisäisen joh-
tamisjärjestelmänsä valtionhallinnossakin käyttöönotetun tulos-
johtamisen periaatteiden mukaisesti. Tulosjohtamisen käyttöön-
otto ja sen sisäistäminen merkitsivät luonnollisesti suurta määrää

kehittämishankkeita. 1980-luvulle olikin ominaista kehittämistoiminnan moninaisuus ja samalla sen hajanaisuus.

Alivaltiosihteeri Juhani Kivelä nimitettiin valtiovarainministeriöön hallinnon kehittämisestä vastaavaksi alivaltiosihteeriksi vuonna 1989. Hän pyrki systemaattisesti saamaan otteen valtionhallinnon keskeisistä kehittämishankkeista eli tulosohjauksesta, budjettiuudistuksesta, liikelaitostamisesta ja yhtiöittämisestä. Samalla hän oli kiinnostunut myös virkamieskoulutuksesta ja kansainvälisestä toiminnasta ja pyrki strategisella johtamisotteella niitä edistämään. Euroopan unionin jäsenyyteen valmistautuminen oli tuolloin myös tärkeä osa hallinnon ja virkamiesten kehittämistä.

Vuodet 1989–1999 olivat johdonmukaista ja myös tuloksellista kehittämistoimintaa valtionhallinnossa. Voidaan todeta Kivelän tuoneen kehittämistyöhön uudenlaisen strategisen otteen. On huomattavaa, että tähän ajanjaksoon sisältyi myös lamavuodet 1990-luvulla, jolloin kehittämishankkeisiin kuuluivat myös perinteiset leikkauslistat. Oli tärkeää, että myös näitä hankkeita johdettiin koordinoidusti.

Seuraavalla sivulla olevaa kuviota tarkasteltaessa huomio kiinnittyy sen nopeasti laajenevaan suppilomuotoon. Hyvinvointivaltion kehitys merkitsi uusien organisaatioiden, uusien virkojen ja uusien palvelujärjestelmien kehitystä. Tulosjohtamiskaudella resurssilisäykset valmisteltiin hajautetusti ministeriöiden, virastojen ja laitosten toimesta. Valtiovarainministeriö ei juurikaan puuttunut uudistusten sisältöjen yksityiskohtiin. Seurauksena oli, että hyvinvointivaltion sateenvarjon alla kehitettiin ja laajennettiin monia tärkeäksi koettuja yhteiskunnan palveluja ja näihin kasvatettiin valtionhallinnon koneistoa ja virkamiehistöä. Vuonna 1989 valtionhallinnon palveluksessa oli noin 215 000 virkamiestä (tässä tarkoitetaan kaikkia valtion budjetin kaut-

Hyvinvointivaltion rakentamisen vaiheet

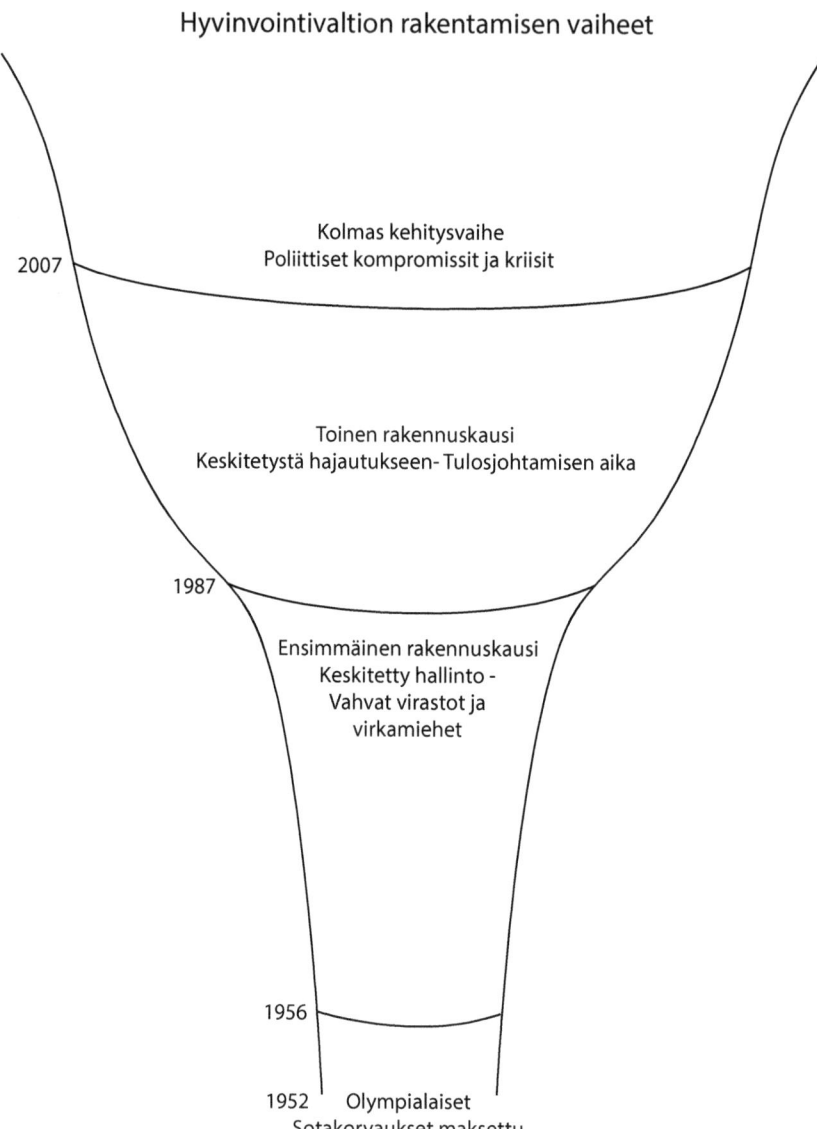

Hyvinvointivaltion kehitystä voidaan kuvata oheisen kuvion mukaan.

ta rahoitettavia henkilöitä). Käänne supistusten suuntaan alkoi 1990-luvulla laman olosuhteissa. Tähän saakka hyvinvointivaltio oli resursseiltaan vuosittain kasvanut.

Näinä nopean kasvun vuosina hyvinvointivaltion idealla ja myös sen käytännön sovellutuksilla oli laajasti kansalaisten tuki ja virkakoneisto toimi sen hyväksi. Vaikeudet alkoivat kun jouduttiin turvautumaan leikkauslistoihin ja supistamaan merkittävästi hyvinvointivaltion palveluja aivan yksityiskohtien tasolla. Tällöin nousi esille kysymys hyvinvointivaltion puolustamisesta. Leikkauslistoja vastustavat katsoivat puolustavansa hyvinvointivaltiota. Kansantalouden näkökulmasta asiaa tarkastelevat katsoivat myös olevansa hyvinvointivaltion asialla korostaen leikkauslistojen välttämättömyyttä talouden tasapainon saavuttamiseksi. Tämä vastakkainasettelu onkin sittemmin vakiintunut keskeiseksi hyvinvointivaltion puolustamisessa.

1990–2000-luvuilla kehittämistyötä tehtiin poikkeuksellisten talousnäkymien aikakaudella. Oleellista on, että 1960–70-lukujen vankkumaton ja yksimielinen tuki hyvinvointivaltiolle oli joutunut arvostelun kohteeksi.

Kolmas kehitysvaihe

Hyvinvointivaltion kolmas kehitysvaihe (emme puhu enää rakennuskausista) alkaa 2000-luvun ensimmäisellä vuosikymmenellä ja koskee myös tätä päivää ja lähitulevaisuutta. Käännekohtana voidaan pitää laajapohjaisia hallituksia yksityiskohtaisine hallitusohjelmineen alkaen Matti Vanhasen II hallituksesta (2007). Sitä seurasi pääministeri Jyrki Kataisen hallitus (2011), jonka ohjelman yksi keskeinen tavoite oli radikaalin kuntauudistuksen toteuttaminen. Poikkeuksellisen laajapohjaisen hallituksen toiminnalle tyypillistä oli poliittisten kompromissien löytäminen.

Valtiovarainministeriön hallinnon kehittämisosasto (entinen järjestelyosasto) lakkautettiin vuonna 2011 mikä käytännössä merkitsi VM-johtoisen keskitetyn hallinnon kehittämistoiminnan statuksen laskua sekä tähän liittyvän resursoinnin pienenemistä. Jäljelle jääneet toiminnot organisoitiin uudelleen pääosin kunta- ja henkilöstöosastojen sisälle. Hallintopolitiikan tehtävät ovat nykyisin osa valtionhallinnon kehittämisosastoa.

Keskeiseksi ongelmaksi on muodostunut tasapainon löytäminen poliittisen päätöksentekijän ja virkamiestyön välillä. Myös tasapaino keskityksen ja hajautuksen sekä tasapaino julkisen ja yksityisen välillä on noussut vahvasti esille. Kaikissa näissä ratkaisuja on etsitty poliittisina kompromisseina, mikä on työntänyt virkamiesvalmistelun toisarvoiseen asemaan. Kuvaavaa on myös se, että merkittävätkin uudistukset ovat kaatuneet mm. valtiosääntöongelmiin.

Monia uusia lähestymistapoja ja malleja on myös julkisessa hallinnossa kehitetty ja kokeiltu mutta mikään niistä ei toistaiseksi ylivertaisena ole noussut ylitse muiden. On kyettävä löytämään ratkaisut, joissa otetaan huomioon kansantalouden kehitys, väestökehitys ja Suomen asema osana laajaa kansainvälistä muutosta.

HALLINTOTIEDE TUKEMAAN HYVINVOINTIVALTION RAKENTAMISTA

Voimme etsiä hallintotieteen teorian ja käytännön juuria mutta tämä ei ole aivan helppo tehtävä. Hallintotieteellisiä näkemyksiä ovat esittäneet useat filosofian klassikot kuten Platon, Niccoló Macchiavelli ja Georg Wilhelm Friedrich Hegel sekä tietenkin myös Karl Marx ja Max Weber. Heidän esittämänsä näkökohdat ovat kuitenkin varsin kapeita juonteita yleisen filosofian joukossa. Vasta Max Weber toi hallintotieteen laajemmin tieteiden piiriin tutkiessaan erityisesti byrokratian olemusta. Mutta hänelläkin hallintoteoria liittyi laajempaan demokratian, oikeusvaltion ja markkinatalouden kokonaisuuteen.

Hallintotieteen käytännön juuret ovat vieläkin vaikeammin löydettävissä. Thomas Jeffersonin pieni kirjoitelma Euroopan hallitsijoista tuo esille 1800-luvun monarkkioiden heikkoudet. Jeffersson löytää hallitsijoiden joukosta henkilöitä, joita hän kutsuu adjektiivilla "lunatics" (mielipuolet). Suomen kannalta kiintoisaa on se, että Ruotsin kuningas Kustaa IV Adolf kuuluu tähän Jefferssonin ilkeään luetteloon. Sen sijaan Aleksanteri I oli Jeferssonin mielestä erityisen pätevä hallitsija.

Macchiavelliä voidaan myös pitää hallintokäytännön eräänä esille nostajana. Firenzen kaupungin kansliapäällikön opit siitä miten valtiota on hallittava, ovat sekä teorian että käytännön kannalta kiintoisia.

Seuraavaksi on ehkä syytä nostaa esille Woodrow Wilson, joka oli Yhdysvaltain presidentti ensimmäisen maailmansodan jälkeen. Hänellä oli hallinnon kehittämisen kannalta kiintoisia ajatuksia uudistaa Euroopan valtioiden hallintoa siten, että ensimmäisen maailmansodan kaltainen murhenäytelmä ei toistuisi. Se, että hän tässä tavoitteessaan täysin epäonnistui, ei tee hänen hallintokäytäntöjään vähemmän arvokkaiksi.

Seuraavaksi voimmekin mennä Suomen tilanteeseen. Sekä Ruotsin vallan että autonomian aikana oikeusvaltion teoria ja käytäntö oli valtion toimintaa ohjaavia. Se että Suomessa lähti liikkeelle hyvinvointivaltion kehitys, on paljolti Ruotsin esikuvan ansiota. Siellä pääministeri Per Albin Hanssonin ajoista alkaen 1930-luvulla päädyttiin määrätietoiseen yhteiskunnan hyvinvointia kehittävään politiikkaan. Parannettiin asunto-oloja, koulutusta ja tasa-arvoa.

Suomen kannalta aivan merkityksetöntä ei ole sekään, että itäinen naapurimme tarjosi voimakkaasti omaa malliaan, jossa yhteiskunnan hyvinvoinnin parantaminen annettiin valtion tehtäväksi. Suomen valinta näiden kahden naapurin kesken oli hyvin selkeä: Ruotsista imettiin kaikki mahdolliset esikuvat, sen sijaan neuvostoliittolaisten kanssa pitäydyttiin keskustelemaan ystävällisesti yhteiskunnallisistakin kysymyksistä.

Hyvinvointivaltion kehityksen alkutahdeille Suomessa oli suuri merkitys vientitalouden hyvällä menestyksellä 1950-luvulla. Puhuttiin Korean sodan buumista. Mutta se, keiden toimesta varsinainen hallintotieteen kehitys lähti liikkeelle, jää jossain määrin salaisuudeksi. Tiedämme Jaakko Uotilan komitean ja pääministeri Paasion työryhmän, jotka kertoivat siitä, että suomalaista yhteiskuntaa haluttiin uudistaa.

Varsinainen liikkeelle paneva sysäys tuli kuitenkin virkamiesten keskuudesta. Sellaiset henkilöt kuin Paul Paavela, Esko Rekola ja Seppo Salminen olivat näissä alkutahdeissa aktiivisia toimijoita. Heistä kukaan tuskin oli perehtynyt hallintoteorian siihenastisiin saavutuksiin kuten Max Weberiin mutta siitä huolimatta he toimivat voimakkaasti hallintokäytäntöjen kehittämiseksi. Näin syntyi koneisto, joka perustui valtiovarainministeriön vahvaan asemaan ja komitealaitokseen. Tämä loi lähtökohdat, jota tarvittiin hyvinvointivaltion rakentamiseen. Suomalainen malli oli se, että uudistettiin ministeriöitä ja virastoja sekä edellytettiin, että ne toimivat hyvinvointivaltion liikkeelle saamiseksi. Tässä myös onnistuttiin, varsinkin kun sodan jälkeinen vaikea rahoitustilanne parani Suomen hyvän viennin ansiosta.

Suomen hallintotieteen vahva kehittäjä oli professori Veli Merikoski, joka opetti Helsingin yliopistossa 1940-, 50- ja 60-luvuilla. Mielenkiintoista on myös se, että hän toimi sodan aikana Itä-Karjalan hallinnon keskeisenä virkamiehenä. Merikoskella oli suurta kiinnostusta valtionhallinnon eri tasojen keskinäiseen työnjakoon ja samalla, professori Juha Vartolan mukaan, hän tuli näissä pohdinnoissaan käsitelleeksi myös hyvinvointivaltion sekä hallintotieteen lähtökohtia.

Myöhemmin 1960- ja 70-luvulla hallintotieteen kehityksestä varteenotettavaksi tieteenalaksi vastasivat professori Kauko Sipponen ja nuori professori Juha Vartola.

Seinät, ovet ja ikkunat ministeriöille ja virastoille

Hyvinvointivaltio rakennettiin autonomian ajan perustalle. Sitä täydennettiin ja parannettiin uusien tehtävien vaatimalla tavalla. Autonomian aikana oli jo luotu Senaatin puitteissa ministeriöiden aihiot sekä joukko keskusvirastoja. Suomen hallinto oli tuolloin venäläisten tarkoin kontrolloimaa yövartijahallintoa. Tähän liittyivät keskusvirastot sekä valtion hallintoa alueellisesti täydentävät lääninhallitukset.

Keskusvirastot ja lääninhallitukset

Keskusvirastot olivat toimiva runko suuriruhtinaskunnalle. Tärkeillä virastoilla kuten postilla ja tullilla oli Ruotsin esikuvan mukaisesti varsin itsenäinen asema omalla toimialallaan. Niiden asemaa kuvasi myös se, että niillä oli näyttävät toimitalot Helsingin ydinkeskustassa. Tuolloin järjestelmä toimi siten, että Senaatti vastasi yleisestä hallinnosta ja myös uudistuksista.

Lääninhallitukset toimivat alueellisesti Senaatin hallinnon toteuttajina. Maaherroilla ja lääninhallituksilla oli vahva asema

alueellisesti. Maaherrat usein myös kytkivät aluehallinnon venä-
läiseen valvontaan siten, että maaherran virkataustana oli aiempi
toiminta Venäjän armeijassa.

Hallinto oli rakennettu oikeusvaltioperiaatteiden mukaan.
Autonomian ajan hallinnon ja venäläisten näkemysten välillä
syntyi toki ajoittain ristiriitoja. Vallan kolmijako tuomioistuin-
ten ja toimeenpanoviranomaisten välillä oli selvä mutta lainsää-
däntövalta toimi vain ajoittain eli silloin kun Valtiopäivät olivat
koolla. Autonomian aikana Valtiopäivät kokoontuivat ensim-
mäisen kerran vasta keisari Aleksanteri II:n valtakaudelle vuonna
1863.

Lähtökohtana oli myös selvä kanta keskushallintokysymyk-
siin ja lääninhallitusten asemaan, joita on kyseenalaistettu hyvin-
vointivaltion myöhemmissä kehitysvaiheissa.

Hyvinvointivaltion alkutahdit näkyivät seinien rakentamise-
na ministeriöille ja uusille keskusvirastoille. Uusia keskusvirasto-
ja perustettiin ja perustamisen taustalla oli pyrkimys irrottaa mi-
nisteriöistä laajat toimeenpanotehtävät erillisille organisaatioille.
Keskusvirastojen perustaminen merkitsi käytännössä keskushal-
linnon työnjaon ja rakenteen kehittämistä. Ministeriö saattoi
keskittyä poliittisen päätöksenteon valmisteluun ja suurempiin
strategisiin kysymyksiin. Uusilla keskusvirastoilla oli joissakin
tapauksissa huomattava merkitys uudistuspolitiikan arkkiteh-
tuurin suunnittelussa ja toteutuksessa. Tällaisia olivat erityisesti
uusi Sosiaalihallitus, Ammattikasvatushallitus sekä Vesihallitus.
Keskeisinä virkamiehinä keskushallinnon rakenneratkaisujen
valmistelussa toimivat kansliapäällikkö Arno Hannus ja virasto-
valtuutettu Seppo Salminen. Tässä yhteydessä ei kuitenkaan käy-
ty yleisluontoista keskustelua valtioneuvoston mahdollisuudes-
ta puuttua keskusvirastojen toimivaltaan. Tällainen tilannehan
syntyy esimerkiksi hallituksen halutessa järjestää hallinnonaloja

koskevia poikkeusoloja. Tätä keskustelua ei käyty myöskään siinä yhteydessä, kun keskusvirastoja myöhemmin lakkautettiin, yhdistettiin tai niiden roolia muutettiin. Näin ollen Suomessa ei tässä suhteessa tietoisesti pyritty Ruotsin vahvaan keskusvirastomalliin eikä myöskään siitä pois.

Lääninhallitukset säilyttivät vahvan asemansa ja niiden toiminta monipuolistui myös hyvinvointivaltion kannalta tärkeille aloille, kuten opetus, sosiaali- ja terveystoimi ja myöhemmin ympäristöasiat.

Seinien rakentaminen tarkoitti myös sitä, että hyvinvointivaltiouudistusten alkuvaiheessa aina 1980-luvun loppupuolelle saakka valtion toimintatapoja budjetoinnissa, suunnittelussa ja henkilöstöpolitiikassa ei juurikaan uudistettu. Keskityttiin pääasiassa uusien organisaatioiden luomiseen ja uskottiin näiden uusien organisaatioiden laittavan alulle toivotun hyvinvointivaltiokehityksen. Näin myös tapahtui.

UUDET MINISTERIÖT JA VAHVISTUVAT HYVINVOINTIVALTION HALLINNONALAT

Itsenäisen Suomen ministeriöiden kehittämisessä noudatettiin varovaista linjaa. Niinpä uusia ministeriöitä syntyi tässä vaiheessa ainoastaan kaksi, vaikka ideoita ja ehdotuksia useammastakin oli esillä kuten esimerkiksi ulkomaankauppaministeriö ja urheiluministeriö.

Kaksi uutta ministeriötä syntyivät ensinnäkin kulkulaitosten- ja yleisten töiden ministeriön jakautumisena liikenneministeriöksi ja työvoimaministeriöksi. Toinen uusi ministeriö syntyi vuonna 1983, jolloin ympäristöministeriö perustettiin. Myöhemmin palataan näiden uusien ministeriöiden komiteavalmisteluun.

Sosiaali- ja terveysministeriön vahvistaminen, Sosiaalihallituksen perustaminen sekä ennestään vahva Lääkintöhallitus mahdollistivat terveydenhoidon ja sosiaalialan nopean kehityksen. STM:n alaiselle aiemmalle Lääkintöhallitukselle tunnusomaista oli varsin itsenäinen asema, joka merkitsi viraston johdossa olevan lääkärikunnan vahvaa roolia. Vastaavasti opetusministeriö toimi vahvojen keskusvirastojensa Kouluhallituksen ja uuden Ammattikasvatushallituksen kautta luoden edellytykset mm. peruskoulu-uudistukselle.

Yksi keskeinen hyvinvointivaltion alue oli asuntotuotanto. Suomessa asuntotuotannon kehittämisestä vastasi vuonna 1949 perustettu Asuntorakennustuotannon valtuuskunta Arava, joka rakennutti edullisia asuntoja erityisesti suurissa asutuskeskuksissa. Voidaan sanoa, että Arava oli suomalainen vastine Ruotsin voimakkaalle sosiaaliselle asuntotuotannolle.

RUOTSI ESIKUVANA

Suomalaisen hyvinvointivaltion esikuva oli Ruotsin hallinto. Suomalaisilla johtavilla virkamiehillä oli hyvät yhteydet Ruotsin vastaaviin viranomaisiin ja heidän sieltä saamansa asiantuntijatuki oli erinomainen. Vuotuinen Rationalisointikonferenssi (RAKO) pohjoismaisten kollegoiden kesken oli tämän yhteistyön huipentuma. Itse asiassa Suomen ratkaisut keskushallintojen ja lääninhallitusten osalta olivat suoraa jatkumoa ruotsalaiselle hallinnolle. Nyt kuitenkin kuvernöörit korvattiin virkamiehillä, joilla usein oli myös poliittista taustaa, vaikka avoimesti poliittisia virkanimityksiä ei Suomessa ollutkaan. Sehän olisi ollut myös oikeusvaltioperiaatteen vastaista.

Jos halutaan vetää yhteen hyvinvointivaltion rakentamisen lähtökohtatilanne, niin siinä oli elementteinä vahva oikeusvaltio ja juristimonopoli monilla johtavilla virkapaikoilla. Valtionhallinnon rakenteessa säilytettiin Ruotsin valtiolta omaksuttu keskusvirastojärjestelmä ja lääninhallitukset. Tämän alkuasetelman kannalta oleellista oli myös se, että järjestelmä oli erittäin keskitetty ja valtiojohtoinen. Kunnallishallinnon asema oli toki perinteisesti merkittävä ja se myös periytyi autonomian ajalta, mutta valtionhallinto johti ja kontrolloi järjestelmää. Keskitys näkyi ehkä selvimmin valtion budjetin rakenteessa, jossa määrärahojen käyttöä ohjattiin erittäin yksityiskohtaisella budjetin rakenteella, tarkasti perustelluilla määrärahoilla ja toimintaohjeilla. Tämä näkyi myös organisaatiouudistusten toteutuksessa jo alkuvaiheista alkaen, sillä ne oli vietävä valtion budjettiin. Budjetin yleisperusteluissa oli myös luettelo kyseisenä vuonna hyväksytyistä hallintouudistuksista. Tämä merkitsi sitä, että yksittäinen ministeriö ei voinut toteuttaa organisaatiouudistuksia ilman läheistä yhteistyötä valtiovarainministeriön kanssa.

VALTIOVARAINMINISTERIÖ KESKIÖSSÄ

Valtiovarainministeriössä hallinnon uudistuksista vastasi virastovaltuutettu ja hänen ympärilleen vähitellen kasvanut järjestelyosasto. Parhaimmillaan järjestelyosastolla työskenteli 1980-luvulla n. 70 virkamiestä. Tämä osasto vastasi organisaatiouudistusten konsultointituesta siten, että osaston virkamiehiä oli hallinto- ja organisaatiouudistuksia käsittelevissä komiteoissa sihteereinä ja jäseninä. Osastoon perustettiin myös virkamieskoulutuksen kehittämistä johtava toimisto sekä tietotekniikan kehittämistä koordinoiva toimisto. Lisäksi osastolla oli jo pitempään toiminut perinteistä rationalisointia edistävä toimisto. Eräässä vaiheessa osasto työskenteli myös hajasijoituksen valmistelijana, jota varten oli oma yksikkö, joka ei kuitenkaan nauttinut jakamatonta suosiota hallinnossa.

VIRKAMIEHET RAKENTAJINA

Rakenteiden ja toimintatapojen muutos autonomian ajalta itsenäisyyden aikaan oli vähäinen. Sitä vastoin muutos virkamieskunnassa oli huomattavasti suurempaa. 1800-luvulla, erityisesti sen alkupuolella, virkamiesten lukumäärä oli pieni ja he olivat lähtöisin pienestä ruotsinkielisestä eliitistä. 1860-luvulta lähtien alkoi muutos, jolloin virkamiesten lukumäärä kasvoi rautateiden, postin ja muiden perustoimintojen kautta.

Itsenäistymisen alussa valtion virkamiesten määrä oli suuruusluokkaa 40 000. Tämä luku kasvoi II maailmansotaan mennessä ja sodan aikana noin kaksinkertaiseksi, mikä oli lähtökohtana hyvinvointivaltion kehitykselle. Tähän lukumääräiseen muutokseen liittyi suuria virkamiesten taustojen muutoksia mm. käydyn kielitaistelun vuoksi ja poliittisen toiminnan muuttaessa virkamiesten asemaa.

VIRKAMIEHET HYVINVOINTIVALTIOTA RAKENTAMASSA

Hyvinvointivaltion ensimmäisellä rakentamiskaudella virkamiehet olivat avainasemassa. Ministeriöihin perustetut kansliapäälliköiden virat olivat järjestely, jolla uudistusten suunnittelu sai johtajansa ja koordinaattorinsa. Suomessa vallitsi edelleen aidosti puolueeton virkamiestraditio mutta 1950-luvulta alkaen sen rinnalle tulivat avainvirkamiesten poliittiset nimitykset. Niiden avulla virkamiehistö loi yhteyksiä puolueiden johtoon ja valmisteluun. Ennen tätä kehitysvaihetta ei virkakoneistossa ollut taustaltaan vasemmistolaisia eikä juuri keskustalaisiakaan virkamiehiä.

On tärkeää havaita, kuinka suuri merkitys virkamiehillä oli hyvinvointivaltion ensiaskeleilla. He tunsivat hallinnon heikkoudet ja puutteet sen toiminnassa kansalaisten palvelujen kehittämiseksi. Yhteistyö johtavien virkamiesten ja poliitikkojen välillä oli kiinteää ja perustui molemminpuoliseen luottamukseen. Johtavalla virkamiehistöllä oli myös hyvät henkilökohtaiset yhteydet puolueiden valmisteluun, mikä oli kiihtyvässä määrin vaikuttamassa hyvinvointivaltion kehittämiseen.

Virkamiesjohtoinen valtion keskushallinnon rakenteiden kehittäminen loi sen taustan, johon palvelujen uudistaminen saattoi perustua. Uudistettu valtion keskushallinto suunnitteli ja toteutti määrätietoisesti mm. peruskoulu-uudistuksen, erityissairaanhoidon vaatimien sairaaloiden rakentamisen, terveyskeskusjärjestelmän luomisen ja lopuksi päivähoitojärjestelmän toimeenpanon. Nämä uudistukset olivat hyvinvointivaltion perustaa. Niiden toteutuksessa esiintyi koviakin jännitteitä mutta edellä kuvattu poliittisen järjestelmän ja johtavan virkamiehistön luottamuksellinen yhteistyö auttoi viemään uudistukset päätökseen. Ei kuitenkaan pidä vähätellä näiden uudistusten vaikeutta ja monimutkaisuutta, kestihän esim. peruskoulu-uudistuksen valmistelu ja toimeenpano useamman vaalikauden ajan. Palaamme näihin jännitteisiin analysoimalla tarkemmin ympäristöministeriön perustamista, siihen liittyvää komiteatyötä ja poliittisten paineiden hallintaa.

VIRKAMIESTEN KOULUTUSTAUSTAN MUUTOS

Tyypilliset hyvinvointivaltion ensi vaiheen rakentamiseen osallistuvat virkamiehet olivat taustaltaan yliopistotutkinnon suorittaneita suurten ikäluokkien edustajia. Näistä huomattava osa oli juristeja mutta yhteiskunta- ja hallintotieteellisen koulutuksen saaneiden osuus kasvoi vähitellen. Valmisteluvaiheen virkamiehistä ainoastaan hyvin pieni osa oli kauppatieteellisen tai muun tutkinnon suorittaneita.

Tämä suhteellisen nuori laajeneva virkamiesjoukko tarvitsi tuekseen julkishallinnon erityispiirteitä koskevaa virkamieskoulutusta. Tähän kehitykseen palataan koulutusta käsittelevässä luvussa.

Valtionhallintoon nousi uusia tarpeita monenlaiselle osaamiselle. Hallinnossa vallalla ollut juristimonopoli alkoi pikkuhiljaa pienentyä. Kuvaavaa on näkemykset siitä, että 1960–70-luvun alkupuolella yliopistoista valmistuneet yhteiskunnallisia aineita opiskelleet saivat helpohkosti töitä ja varsin usein valtionhallinnosta tai kuntien palveluksesta.

Nuorten virkamiesten esiinmarssi muutti huomattavasti hallintokulttuuria ja oli omiaan luomaan edellytyksiä hyvinvointivaltion tarvitsemalle hallinnolle. Ehkä tästä kulttuurimuutoksesta yhtenä pintaesimerkkinä on se, että hallinnossa ryhdyttiin ministeriöiden korkeita virkamiehiä myöten sinuttelemaan virkatovereita.

MUUTTUVA TYÖNKUVA

Hyvinvointivaltion rakentamisen yhteydessä virkamiesten työnkuva muuttui. Heistä tuli aikaisempaa enemmän palveluiden suunnittelijoita ja toteuttajia. Samalla perinteinen kansalaisten asema muuttui suhteessa virkamiehiin. Virkamies nähtiin aikaisempaa selkeämmin kansalaisten palvelijana. Tästä olivat esimerkkinä vuonna 1980 toteutetut byrokratiatalkoot ja sen vanavedessä monissa virastoissa toteutetut asiakaspalvelu-uudistukset.

Palvelun kehittäminen nousi 1980-luvulla myös kansainvälisesti ja erityisesti Pohjoismaissa merkittäväksi uudistusten painopisteeksi. Suomen hallinnossa toteutettiin monia palvelukulttuurin kehittämiseen tähtääviä uudistushankkeita ja virkamiehet osallistuivat tähän liittyvään koulutukseen. Toki paljonkin keskustelua käytiin siitä, kuka on esimerkiksi poliisin tai vankeinhoidon asiakas ja mitä palvelunäkökulma kaiken kaikkiaan virastolta ja virkamieheltä edellyttää.

Edellä kerrotut hallinnon trendit kuvaavat sitä, miten hyvinvointivaltion rakentaminen pani liikkeelle monia hallintokulttuuria ravistelevia uudistuksia.

SEN AJAN JOHTAMISKULTTUURI

Sodan jälkeisen ajan johtamiskulttuuria ja ylipäätään valtionhallinnon sisäistä dynaamisuutta on arvosteltu voimakkaasti. Sitä ovat arvostelleet tuon ajan nuoret aktiiviset virkamiehet, joista hyvänä esimerkkinä oli virastovaltuutettu Seppo Salminen. Ongelmana olikin tietty pysähtyneisyys ja juristimonopoli valtion keskushallinnossa. Ministeriöitä johtivat vanhimmat hallitusneuvokset ja selkeää johtamisfilosofiaa ei ollut.

Toisaalta tuon ajan johtamiskulttuurissa oli sisäänrakennettuna tiettyjä dynaamisia piirteitä, jotka johtuivat siitä, että valtionhallinnon avainpaikoilla lähes poikkeuksetta oli konkreettista johtamiskokemusta saaneita miehiä. Naisia ei tuolloin korkeimmissa valtionhallinnon johtamistehtävissä moniakaan ollut. Virkamiesjohtajat edustivat velvollisuuskulttuuria, jossa annettu toimeksianto vietiin päätökseen enempiä kyselemättä. Seppo Salmisen käyttämä ilkeähkö ilmaisu "latupartio" häntä vanhemmista hallintokollegoista, juuri näistä ministeriöiden hallitusneuvoksista, oli ilmeisen osuva. Tämä merkitsi sitä, että myös hyvinvointivaltion syntyvaiheissa oli koviakin jännitteitä vanhempien ja nuorempien virkamiesten välillä.

Yksi mielenkiintoinen valtionhallinnon virkamieskulttuurin kehityspiirre liittyy asutustoimintaan. Se tapahtui sodanjälkeisissä kovissa olosuhteissa, joissa karjalaissiirtolaiset piti pystyä asuttamaan maan rajojen sisälle. Nämä tehtävät kuuluivat maatalousministeriön asutusasiainosastolle, josta kehittyi nopeasti laaja ja ilmeisen tehokas organisaatio asutusasioiden hoitamiseksi. Osastoa johti osastopäällikkö Veikko Vennamo. Osastolla oli enimmillään pari sataa nuorta juristia valmistelemassa asutuspäätöksiä. Sieltä nousi monia edistysmielisiä virkamiehiä toteuttamaan sittemmin hyvinvointivaltion rakentamista. Näistä voidaan Seppo Salmisen (osaston hallintojohtaja) ohella mainita myös Arno Hannus.

Asutusasiainosaston lopettamiseen, mikä muodostui Veikko Vennamon virkamiesuran romahdukseksi, liittyi erityistä dramatiikkaa koska osaston uudelleen organisoinnista vastaava pikakomitea työskenteli Seppo Salmisen johdolla ja presidentti Urho Kekkonen oli ilmeisesti varsin merkittävästi taustalla vaikuttamassa.

Ehkä yhteenvetona voidaan sanoa, että hyvinvointivaltion rakentamisen avainhenkilöt olivat virkamieskunnan edistyksellisiä jäseniä mutta heillä oli myös sota-ajan varjona vaikuttava velvollisuuskulttuuri. Näillä eväillä toimittiin ja varsinaisista johtamisteorioista kiinnostuttiin valtionhallinnossa vasta paljon myöhemmin.

KOMITEAT TÄRKEÄNÄ TYÖTAPANA

Komiteoita käytettiin jo ennen sotia ja sotien aikana mutta niiden käyttö laajeni huomattavasti 1950- ja 60-luvuilla. Niistä muodostui tärkeä ministeriöiden työkalu. Ne eivät kuitenkaan saaneet jakamatonta suosiota julkisuudessa ja tiedotusvälineissä, sillä monesti katsottiin komitean perustamisen merkinneen jonkin asian lykkäämistä tai hautaamista komiteaan. Tätä ajattelutapaa vahvisti tunnettu Uuden Suomen pakinoitsija Olli, jonka Mustapartaisella miehellä oli vaikeuksia ymmärtää komiteoiden hyödyllisyyttä ja byrokratian toimintaa. Ollin pakinat ovat tänäkin päivänä nautittavaa luettavaa tuon ajan ajattelutavoista.

Hyvinvointivaltion rakentamisen komiteat ovat tässä vuosittain satojen komiteoiden joukossa oma ryhmänsä ja niille oli tunnusomaista selvät toimeksiannot ja aikataulut. Komitean toimeksiannossa pyrittiin antamaan selkeät tavoitteet komiteatyölle. Ministeriöt myös seurasivat systemaattisesti komiteoiden työn edistymistä. Nämä hyvinvointivaltion rakentamiseen liittyvät komiteat olivat olennainen osa valmistelutyötä ja ilman niitä hyvinvointivaltion rakenteita tuskin olisi pystytty luomaan yhtä tehokkaasti.

ERILAISIA KOMITEOITA

Tutkijan näkökulmasta hyvinvointivaltion rakentamisen komiteat voidaan jakaa kahteen ryhmään, joista ensimmäinen pyrki antamaan suuntaviivoja uudistuksille ja toiseen ryhmään kuuluivat komiteat suunnittelivat yksittäisiä organisaatiouudistuksia. Ensimmäiseen ryhmään kuului komitea, jonka tehtävänä oli tutkia miten valtion keskushallinnon ja maakuntaportaan hallinto järjestettäisiin (KM 1958: 5 I) ja jossa Jaakko Uotila toimi siinä päätoimisena sihteerinä. Toinen tärkeä komitea oli virastovaltuutettu Seppo Salmisen johtama keskushallintokomitea, joka teki kaksi laajaa mietintöä (vuosina 1975 ja 1981). Kolmas oli kenraali Aimo Pajusen johtama hallinnon hajauttamiskomitea (KM 1986:12), joka merkitsikin jo uuden ajattelutavan läpimurtoa hallinnon uudistamisen ajattelutavoissa. Vastaavanlainen oli valtion liikelaitoskomitea, jota johti pääjohtaja Esko Rekola ja joka vihdoin sai liikkeelle valtion liiketoimintojen modernisoinnin mm. Postissa ja Valtionrautateillä (KM 1985:2). Nämä komiteat valmistelivat uudistusten suuntaviivoja ja kaksi viimeksi mainittua merkitsivät siirtymistä uuteen kehittämispolitiikkaan ja ajanjaksoon.

KOMITEAT TYÖVÄLINEENÄ

Komiteamalli merkitsi sitä, että yksittäinen ministeri ei voinut sooloilla uudistamispolitiikassa. Ministeriöt joutuivat tuomaan esityksensä komitean asettamisesta valtioneuvoston tai ainakin raha-asiainvaliokunnan käsittelyyn. Tämä merkitsi sitä, että komitean jäsenten valinta oli käytännössä koko valtioneuvoston asia. Lisäksi tämä merkitsi sitä, että valtiovarainministeriöllä ja sen osastoilla, erityisesti järjestelyosastolla, oli vahva rooli komitean asettamisvalmistelussa ja sen jäsenten valinnassa. Tämä luonnollisesti koski ainoastaan niitä komiteoita, jotka olivat oleellisia hyvinvointivaltion rakentamisen kannalta. Tällainen malli edellytti ministereiltä joustavaa suhtautumista komiteavalmisteluun. He joutuivat luopumaan kannoista, jotka eivät läpäisseet valtioneuvoston käsittelyä sekä sopeutumaan siihen, että päätökset jäivät odottamaan komiteassa tapahtuvaa valmistelua.

Myöhemmin edellä mainittujen tekijöiden katsotaan olleen vaikuttamassa 1990-luvulla siihen, että ministerit halusivat päästä eroon komiteoista ja siirtyä nopeampaan työryhmävalmisteluun. Monien viime vuosien merkittävien uudistusten (mm. sote-uudistus) kohdalla voidaan kuitenkin kysyä, olisiko perinteinen komiteavalmistelu ollut tehokkaampaa ja nopeampaa kuin vaikeasti hallittava työryhmissä työskentely. Olemmehan nähneet monia surullisia esimerkkejä siitä, kun yksipuolisesti ja puutteellisesti valmistellut työryhmäesitykset ovat johtaneet valmistelun jälkeen suuriin riitoihin, mikä on estänyt ja viivyttänyt uudistuksia.

KOMITEATYÖ PIENIMUOTOISENA OPPILAITOKSENA

Omakohtaisten kokemusten perusteella ja yleisestikin komiteoita voidaan pitää tärkeänä virkamiestaitojen ja uudistusten valmistelun opinahjona. Asetelmahan oli se, että yleensä hyvinvointivaltion kannalta tärkeimpiä komiteoita vetivät kokeneimmat virkamiehet, jotka tunsivat valtionhallinnon ja sen mahdollisuudet poikkeuksellisen hyvin. Näitä nimiä oli mm. Esko Rekola, Keijo Liinamaa, Seppo Salminen, Jaakko Uotila, Erkki Aho, Uolevi Raade ja Kauko Sipponen sekä monet muut merkittävät uudistushenkiset virkamiehet.

Nuorempien jäsenten, ja erityisesti sihteerien näkökulmasta, komiteoiden usein myöhään iltaan jatkuneet kokoukset olivat varsinaisia oppikursseja paitsi mietintöjen kirjoittamisessa, myös julkishallinnon syvällisessä ymmärtämisessä. Komiteoissa vallitsi myös tietynlainen me-henki kokeneempien virkamiesten ja nuorempien jäsenien ja sihteerien kesken. Yhteistyö oli aidosti toimivaa, myös nuoret virkamiehet uskalsivat ja heidän odotettiin tuovan omia kriittisiäkin näkemyksiään esille ja keskusteluun.

Kovan työn ohella järjestettiin myös mukana olleille mieleen jääneitä vapaamuotoisempia tilaisuuksia. Tällainen oli vaikkapa KTM81-komitean mietinnön jättämisen jälkeinen "karonkka", jossa silloin jo iäkäs puheenjohtaja Uolevi Raade tarjosi ikimuistoisen illan ravintola Bellevuessa komitean sihteereille. Ilta sattui olemaan vuoden 1982 presidentin vaalien tuloslaskentailta. Mieleenpainuvaa oli Uolevi Raaden pitkä tilitys siitä, kuinka nyt siirrytään Kekkosen ajasta johonkin tuntemattomaan, josta hän oli selvästi huolissaan.

KESKITTÄMISTÄ JA INNOVAATIOITA

Komitealaitos oli valtioneuvoston valmistelua tukeva järjestely, joka oli luonteeltaan erittäin keskitetty. Se kuitenkin toimi innovatiivisesti hyvinvointivaltion luomisen ensimmäisellä rakennuskaudella koska se kokosi yhteen eri ministeriöistä uudistusmielisiä virkamiehiä vahvojen kehittämishakuisten puheenjohtajien johtamiin komiteoihin. Komiteoiden sihteerien tehtävänä oli hankkia tarvittavaa taustatietoa ja tutkimusaineistoa myös ministeriöiden ulkopuolelta. Hallinnon tutkimus lähti laajemmin samoihin aikoihin liikkeelle.

Komiteavalmisteluun kuului myös alustava lainvalmistelu, jota kehitettiin edelleen oikeusministeriön lainvalmisteluosaston kanssa. Tuolloin uudistukset harvoin kaatuivat juridisiin ongelmiin.

Tietenkin on otettava huomioon, että innovaatioiden ja uudistusajatusten rajoituksena oli se, että vielä tuolloin ei ollut käytössä laajaa kansainvälistä vertailutietoa. Lähinnä tukeuduttiin Ruotsin esimerkkeihin ja kokemuksiin. Tämä luonnollisesti rajoitti mahdollisia kehittämisvaihtoehtoja. Koko yhteiskuntahan oli tuolloin erittäin valtiojohtoinen ja keskitetty.

Vastineena Ollin sinänsä taidokkaisiin pakinoihin voisi komitealaitosta puolustaa sillä, että turhanpäiväisten ja vähemmän tärkeiden komiteoiden joukossa oli monia koko yhteiskuntaa uudistaneita komiteoita, joiden työtä ei pidä väheksyä. Laajat hallintouudistukset olivat sen verran vaativia valmistelultaan ja toteutuksellaan, että tällainen monitahoinen ja perusteellinen valmistelu, jonka komitealaitos tarjosi, oli paikallaan. Komiteatyön yhteydessä poliitikkojen ja virkamiesten välinen työnjako oli aiemmin nykyistä huomattavasti selkeämpi mikä osaltaan merkittävästi edisti todellisiin tuloksiin pääsemistä. Komiteoiden asettamisen ja niiden valmistelutyön aikana ministerit saattoivat seurata työtä ja puheenjohtajan kautta vaikuttaa sen esityksiin.

KOMITEOIDEN PALUU

Komiteat on työmuotona kaivettu apuun myös tänä päivänä kun selvitetään, miten monitahoisissa hallinnon uudistuksissa voitaisiin päästä tuloksiin. Komiteoiden käyttö on kirjattu myös nykyisen Sanna Marinin hallituksen ohjelmaan ja joukko uusia ja uudenlaisia komiteoita on jo nimitetty.

Teeman ajankohtaisuudesta kertoo myös se, että viime aikoina useat toimittajat ovat soitelleet Markku Temmekselle, entiselle komiteakonkarille ja hallintotieteen professorille, ja kyselleet mitä ne komiteat oikein olivat ja voitaisiinko niiden avulla saada sote-uudistuskin maaliin!

Korostetaan vielä, että komitea sopii laajoihin kompleksisiin kehittämishankkeisiin, jotka vaativat ministeriöiden välistä merkittävää yhteistyötä. Pieniin uudistuksiin ne eivät aikoinaankaan olleet se paras väline.

MUISTEJA KOMITEATYÖSTÄ

Kirjoittajilla on käytössään merkittävä hallintotieteellinen kirjasto, jonka Markku Temmes pelasti jäädessään eläkkeelle vuonna 2011. Sieltä löytyy useita kymmeniä komitea- ja työryhmämietintöjä, joissa tekijät ovat olleet mukana. Markku Temmes oli jäsenen ja sihteerin roolissa useissa 1960-,70- ja 80-luvun komiteoissa. Seuraavassa on kirjattu jotain hänen muistejaan (viittaus Oulun elokuvakerhokollegan Peter von Baghin kirjaan!) komiteoiden sisäisestä ilmapiiristä sekä sihteerin havaintoja komiteoiden työstä, joka ei välttämättä näy varsinaisissa mietinnöissä. Tässä ei pyritäkään analysoimaan komiteoiden merkittävyyttä tai onnistuneisuutta yksityiskohtaisesti, vaikka kaikki jäljempänä mainitut komiteat olivatkin merkittäviä hyvinvointivaltion rakentamisessa.

Aloitetaan kaksoiskomiteasta, jossa vanha kulkulaitosten ja yleisten töiden ministeriö jaettiin liikenneministeriöksi ja työvoimaministeriöksi (KM 1969: B 41). Liikenneministeriön valmistelua johti Esko Rekola ja työ oli helppoa koska kaikki osapuolet olivat yhtä mieltä vahvan liikenneministeriön tarpeesta. Markku Temmes oli sihteerinä ja oikeastaan ainoa komiteatyöskentelyyn liittyvä havainto oli se, että kokoukset pidettiin pääjohtajan huoneessa perinteisessä rautatiehallituksessa. Pääjohtajan huone oli vähintään 100 neliötä suuri ja muutoinkin ilmapiiri rautatiehallituksessa oli hyvin perinteinen. Tästä tarinana se, että Esko Rekola, puheenjohtaja ja rautatiehallituksen pääjohtaja, kysyi komitean jäseniltä, pitääkö hänen sanoa päivää käytävillä tapaamilleen alaisille, joita hän ei tuntenut.

Toinen anekdootti oli sihteerin vähän naiivi kysymys koskien suuren työhuoneen nurkassa olevaa pronssirintakuvaa. Sihteeri tuli kysyneeksi mahtaako kukaan tuntea rintakuvan esittämää herraa. Kukaan ei häntä tuntenut paitsi sihteeri itse, joka taas johtui siitä, että hän oli juuri tekemässä tutkimusta vanhoista autonomian ajan pääjohtajista ja siinä joukossa rautatiehallituksen ensimmäinen pääjohtaja Georg Strömberg oli kiintoisa. Strömberg oli ollut tekemässä ensimmäistä rautatietä Helsingistä Hämeenlinnaan nuorena sotilasinsinöörinä ja jatkoi sen jälkeen yli 80-vuotiaaksi rautatiehallituksen pääjohtajana. Hän oli todella merkittävä johtaja Suomen rautateiden kehittämisen kannalta. Strömbergiä ei tunnettu mutta sen sijaan sodan jälkeinen pääjohtaja kenraali Harald Roos, joka toimi myös sodan aikana ennen pääjohtajan tehtävää armeijan huoltopäällikkönä, oli tuttu täsmällisyydestään ja siitä, että hän kävi itse kello kädessä varmistamassa junien pysymisen aikataulussaan.

Tieliikennehallinnon alueella selkeä ero Ruotsiin oli Suomen tieverkon vajavaisuus ja huono kunto sekä uusien autojen vaikea saaminen, mikä esti autoilun kehitystä. Liikenneministeriö tarttui tähän haasteeseen tehokkaasti ja loi mahdollisuudet yksityisautoilun kehitykselle Suomessa. Autojen määrä kasvoi jo 1950-luvun lopulta lähtien moninkertaiseksi. 1960-luvun loppupuolella Suomea saatettiin jo verrata Ruotsiin, vaikka autoja oli edelleen väkilukuun nähden vähemmän. Ruotsin autoilukulttuuria me emme kuitenkaan voineet tavoittaa, koska se perustui omiin automerkkeihin ja lähes jokaisella perheellä oli oma Volvonsa tai Saabinsa. Suomessa oli vielä vuosia pakko tyytyä ns. itä-autoihin, joita tuotiin maahan Neuvostoliitosta, Itä-Saksasta ja Tsekkoslovakiasta. Yksityisautoilun merkitystä osana ihmisten hyvinvoinnin kehitystä ei Suomessakaan pidä aliarvioida.

Työvoimaministeriötä kokoavan komitean puheenjohtajana toimi Keijo Liinamaa (KM 1969: B 55). Hän oli tehokas ja asiallinen puheenjohtaja. Sihteerin näkökulmasta kiintoisa komitean jäsen oli hallitusneuvos Jouni Hakkarainen. Hänet tunnettiin hallinnossa henkilönä, jota valtiontalouden tarkastusvirasto oli huomauttanut siitä, että hänen komitealaskuissa esittämänsä tuntimäärät eivät mahtuneet kalenteriin. Toisaalta hänet tunnettiin myös siitä, että hän oli se aktiivinen juristi, joka auttoi Lotta Svärd -järjestöä pelastamaan omaisuutensa sivuun rauhansopimuksen edellyttämästä siirrosta. Hänen ja hänen puolisonsa toimesta perustettiin työmaahuolto, joka toimi myös Helsingin olympialaisten ruokahuollosta vastaavana organisaationa.

Seuraavaksi mainittavat komiteat loivat pohjaa hyvinvointivaltion toiselle rakennuskaudelle. Vähemmälle huomiolle on jäänyt valtion keskushallintokomitea, jota veti Seppo Salminen ja joka pyrki löytämään suuntaviittoja hyvinvointivaltion kehittämiselle. Heikki Aaltonen oli tämän komitean pääkirjoittaja. Komitea pyrki mm. uudistamaan keskusvirastojen asemaa siten, että niissä olisi ollut poliittinen ohjausryhmä. Komitea tuotti suuren joukon vastaavanlaisia ehdotuksia. Hankalimmaksi muodostui raha-asiainvaliokunnan lakkauttaminen, jota valtiovarainministeriön budjettiosasto ei luonnollisestikaan pitänyt hyvänä ajatuksena. Budjettiosaston näkemys on edelleen vallitseva.

KTM81-komitea, jonka puheenjohtajana oli Uolevi Raade, on jäänyt mieleen monestakin anekdootista. Edellä on jo mainittu kyseisen komitean karonkkatilaisuus. Toinen anekdootti liittyy karismaattiseen puheenjohtajan suhteeseen silloiseen kauppa- ja teollisuusministeriön kansliapäällikköön. Bror Wahlroos oli tunnettu itsetietoisesta ja usein arrogantista asenteestaan mutta KTM81-komiteassa hän käyttäytyi rakentavasti ja tietynlaista nöyryyttä osoittaen. Olihan kyse komiteasta, joka presidentin toimesta oli asetettu laittamaan kuntoon ministeriön asiat. Mieleenpainuva esimerkki puheenjohtajan karismasta oli myös nopea vierailu Ruotsiin tutkimaan sikäläistä teknologian kehittämisorganisaatiota. Sekä puheenjohtaja että sihteerit olivat valmistautuneet tapaamaan Ruotsin avainvirkamiehiä mutta kokoushuoneeseen saapuikin Suomen suurlähettiläs Paul Gustafsson aivan yllättäen ja asettui puheenjohtajaksi. Uolevi Raaden reaktio oli selkeä: hän meni pitkän pöydän toiseen päähän eikä ollut tietävinäänkään koko kokouksesta. Mitähän ruotsalaiset virkamiehet tästä lienevätkään ajatelleet. Asiat selkenivät kuitenkin seuraavana päivänä, kun puheenjohtaja ja sihteerit tapasivat kyseisiä virkamiehiä ilman suurlähettilästä. Ruotsin vierailu vaikutti keskeisesti Teknologian kehittämiskeskus TEKESin perustamiseen ruotsalaisen esikuvan mukaisesti. Muita organisaatiolisäyksiä hallinnonalalle komitea ei sallinut.

Hallinnon hajauttamiskomitea oli merkittävä poliittinen avaus. Sen puheenjohtajaksi valikoitui pitkän prosessin jälkeen kenraaliluutnantti, puolustusministeriön kansliapäällikkö Aimo Pajunen. Kaupungilla kerrottiin, että hänen valintansa taustalla olisi ollut ministeri Paavo Väyrynen. Sihteerit ja järjestelyosaston virkamiehet olivat hyvin epävarmoja siitä, pystyisikö pelkästään sotilastaustan omaava virkamies vetämään tällaista tärkeää komiteaa. Luulo oli täysin väärä, Pajunen oli poikkeuksellisen hyvä ja aikaansaava puheenjohtaja. Komitean ehdotukset merkitsivät hajautuksen idean hyväksymistä ja käyttöä hallinnon tulevissa uudistuksissa.

Toinen periaatteellisesti tärkeä uutta aikakautta avaava komitea oli Valtion liikelaitoskomitea. Suomessa oli yritetty 1900-luvun alusta alkaen modernisoida posti- ja lennätinlaitosta ja rautateitä. Liikelaitoskomitea onnistui tässä mutta komitean sihteerit olivat monta kertaa varsin hämmentyneitä komiteassa käydyistä keskusteluista. Puheenjohtajana oli pääjohtaja Esko Rekola ja komiteassa oli myös vahva julkisen hallinnon työntekijäjärjestöjen edustus. Esko Rekola rakasti omia juttujaan, jotka suuntautuivat tekemään naurunalaiseksi työntekijäjärjestöjen tavoitteita ja toimintaa. Sihteerit pelkäsivät, että tämä estää kompromissihakuisen keskustelun komiteassa mutta he olivat väärässä. Vastapuoli kertoi vähintäänkin yhtä meheviä tarinoita rautatiehallituksen johdosta. Kaiken tämän jälkeen oli luotu pohja asialliselle keskustelulle liikelaitosten toiminnan kehittämiseksi.

Viimeisimpänä komiteana mainittakoon ympäristöministeriökomitea. Siinä alkuasetelmana oli se, että Suomessa ei oltu päästy yhteisymmärrykseen ympäristöministeriön perustamisesta ja Suomi alkoi olla Euroopan viimeisiä maita, josta kyseinen ministeriö puuttui. Markku Temmes määrättiin komitean pääsihteeriksi ja hän pääsi näin seuraamaan läheltä myös poliittista prosessia, mikä liittyi ministeriön perustamiseen. Komitean puheenjohtajaksi tuli professori Erkki Pystynen ja kiintoisaa oli, että hän oli oppositiossa olevan kokoomuksen kansanedustaja. Pystynen hoiti asiallisesti ja taitavasti puheenjohtajan tehtävän mutta varsinaisen taustatyön teki silloinen ministeri Matti Ahde, joka osasi hoitaa vaikean poliittisen prosessin paitsi tehokkaasti niin tarvittaessa myös kovatkin otteet halliten. Työn poliittisista paineista kertoo se, että komiteatyön aikana hallituspuolue keskustan edustaja käveli kirjaimellisesti ulos komiteasta jättämättä kuitenkaan eriävää mielipidettä. Itse komiteatyöstä jäi mieleen myös se, että ministeri oli aina vähintään puoli tuntia myöhässä kaikista tilaisuuksista!

TULOKSIA ENSIMMÄISESTÄ RAKENNUSKAUDESTA

Kuten edellä on kuvattu, hyvinvointivaltion ensi askeleet liittyivät tarvittavien organisaatioiden rakentamiseen ja uusien virkamiesten palkkaamiseen. Toiminta oli keskitettyä ja VM-johtoista. Valtiovarainministeriö tosin toimi muiden hallinnonalojen ja yksittäisten virastojen virkamiesten kanssa hyvässä yhteisymmärryksessä. Joissakin hankkeissa poliitikkojen rooli oli myös valmistelussa erittäin merkittävä kuten ympäristöministeriön perustamisessa. Mutta monessa tapauksessa he vain mahdollistivat ja seurasivat hankkeiden etenemistä.

VAHVA VIRASTOVALTUUTETTU

Ensimmäisen rakennuskauden keskeinen toimija oli valtiovarainministeriön järjestelyosasto. Se oli syntynyt sodan loppuvaiheessa vuonna 1944 virastoasiainvaltuutetun viran ympärille, osasto käynnistyi virallisesti vuonna 1947. Viran ensimmäinen hoitaja oli Urho Kaleva Kekkonen. Hän toimi tehtävässään runsaan vuoden ajan mutta ehti hyvin perehtyä valtionhallinnon rationalisoinnin perusteisiin ja kirjoitti siitä asiantuntevia muistioita ja kirjoituksia. Kekkonen onkin tietyllä tavalla järjestelyosaston edustaman hallinnon kehittämisen kulttuurin ikoni.

Järjestelyosasto kehittyi 1960-luvun alussa hallintouudistuksen suunnittelun ja toteutuksen keskeiseksi moottoriksi. Tämä perustui suuresti Seppo Salmisen nimitykseen osastopäälliköksi nimityksellä virastovaltuutettu vuonna 1965. Hän oli toiminut aiemmin maa- ja metsätalousministeriössä Veikko Vennamon suuren asutusorganisaation hallintopäällikkönä ja tullut valituksi suuresta joukosta juristeja ja muita asutusasioita valmistelleita virkamiehiä. Tehtävään astuessaan hän oli suhteellisen nuori, erittäin energinen ja uudistusmielinen. Hänen asenteensa vanhaa hallintoa kohtaan olivat hyvin kriittiset.

Salmisella oli myös tarvittavia ominaisuuksia selviytyä vaativasta tehtävästään. Paitsi energisyys, hänelle oli ominaista hyvä perehtyminen uusiin asioihin ja poikkeuksellisen hyvä organisaatiosilmä. Tällaista on vaikea selittää, mutta mukana olleet pääsivät kerta toisensa jälkeen toteamaan, kuinka hyvin hän ratkaisi tehtäväksi annettujen hallinto- ja organisaatiomuutosten ongelmia.

Osaston nuoret virastotarkastajat olivat mukana monissa hyvinvointivaltion rakentamisen uudistuskomiteoissa. He joutuivat myös antamaan lausuntoja muistakin organisaatiohankkeista. Tuolloin keskitetyssä järjestelmässä kaikkien ministeriöiden ja virastojen oli kuultava järjestelyosastoa näissä asioissa.

Seppo Salminen oli myös hyvä esimies, joka aina puolusti osaston virkamiehiä vaikeissakin tilanteissa. Osaston sisäisissä palavereissa hän kyllä saattoi esittää kritiikkiä mutta silloinkin varsinaiset moitteet yksittäiselle virkamiehelle hän aina esitti kahden kesken.

Seppo Salmisen energisyys saattoi olla syynä siihen, että hän ei aina tullut toimeen kaikkien ministerien kanssa. Tämä ei kuitenkaan sinänsä hänen toimintaansa haitannut.

KESKITETTYYN VIRKAMIESKOULUTUKSEEN JA TIETOTEKNIIKKAAN

Seppo Salminen käynnisti kaksi uutta toimintaa, jotka molemmat olivat hallinnon modernisoinnin kannalta tärkeitä. Ensimmäinen oli virkamieskoulutus, jota varten perustettiin järjestelyosastolle oma toimisto ja myöhemmin sen alaisuuteen Valtion koulutuskeskus vuonna 1971. Lisäksi Salminen onnistui "kaappaamaan" Eliel Saarisen piirtämän Munkkiniemen linnan ilmavoimien esikunnalta, mitä he eivät ilmeisesti koskaan antaneet anteeksi. Valtion koulutuskeskus VKK muutti Munkkiniemeen vuonna 1976.

Toinen modernisoinnin kannalta tärkeä uudistus oli valtion tietotekniikan käynnistäminen. Myös tätä varten perustettiin järjestelyosastolle oma toimisto ja myöhemmin Valtion tietokonekeskus vuonna 1964. Mielenkiintoisena yksityiskohtana voidaan mainita, että Valtion tietokonekeskukselle VTKK:lle hankittiin supertietokone mm. säätietojen käsittelyä varten. Hankinnan ehtona oli ollut se, että neuvostoliittolaisia vieraita ei saanut päästä tietokonesaleihin. Toinen mainittava anekdootti on se, että VTKK loi valtionhallinnon tarpeita varten oman tekstinkäsittelyjärjestelmän (TEKO), jonka luoja oli tietokoneinsinööri Tuomas Kotovirta. Tuolloin muita järjestelmiä ei juurikaan ollut käytettävissä.

KESKUSTELUA HYVINVOINTIVALTION RAKENTAMISEN ENSIMMÄISESTÄ KAUDESTA

Yhteenvetona voidaan todeta, että noina 1950-luvun lopun – 1970-luvun alun vuosina luotiin pohja hyvinvointivaltion rakenteille, tietotekniikalle sekä myös myöhemmin käsiteltävälle virkamieskoulutukselle.

Tänä päivänä mukana olleet virkamiehet mielellään muistelevat ja keskustelevat kokemuksistaan noilta vuosilta. Ehkä tyypillinen tällainen keskustelu on tapahtunut useampaan kertaan Kluuvin Rotary-klubin kokouksissa, jossa entinen valtiovarainministeriön budjettipäällikkö ja liikenneministeriön kansliapäällikkö Juhani Korpela ja kirjan toinen kirjoittaja, silloinen valtiovarainministeriön järjestelyosaston apulaisosastopäällikkö ja osastopäällikkö Markku Temmes, ovat klubin muiden jäsenien iloksi näitä asioita ja tapahtumia nostalgisesti ja positiivisesti arvioineet.

Kirjoittajien mielestä nämä 1950–80-luvun alun uudistukset merkitsivät hyvinvointivaltion kehityksessä omaa aikakauttaan, jonka jälkeen tapahtui olennaisia muutoksia uudistusten tavoitteissa ja etenemisessä. Siirryttiin seinien rakentamisesta toimintatapojen kehittämiseen nopeasti laajenevassa hyvinvointivaltiossa.

HYVINVOINTIVALTION TOINEN RAKENNUSKAUSI (VUODET 1987–2007)

Hyvinvointivaltion perusta oli luotu vanhan oikeusvaltion ja keskitetyn budjetin pohjalta, mikä käytännössä merkitsi mm. sitä, että organisaatiomuutokset käsiteltiin vuosittain keskitetysti. Hyvinvointivaltion toinen rakennuskausi voidaan rajata vuosiin 1987–2007. Valtionhallinnossa tuo aika merkitsi voimakasta hajautusta ja pääpaino siirtyi rakenteista ohjausjärjestelmien ja toimintamallien kehittämiseen. Tätä kautta kutsumme tulosjohtamisen kaudeksi.

Pääministeri Harri Holkerin hallituksen (1987–1991) tärkeä uudistus oli hallinnon kehittämisen ministerivaliokunnan (HALKE) perustaminen, joka toimi myös seuraavan Esko Ahon hallituksen aikana. HALKEssa käsiteltiin perusteellisesti hallinnon kehittämiseen liittyvät uudistukset. Ensimmäisen valiokunnan puheenjohtajana toimi ministeri Ilkka Kanerva ja jäseninä sekä ministereitä että virkamiehiä.

Kaksi merkittävää komiteaa merkitsivät murrosta aikaisempaan tilanteeseen. Ne olivat jo aiemmin mainitut hallinnon hajauttamiskomitea puolustusministeriön kansliapäällikkö Aimo

Pajusen puheenjohdolla sekä Valtion liikelaitoskomitea pääjohtaja Esko Rekolan puheenjohdolla.

Näistä komiteoista hallinnon hajauttamiskomitea keskittyi purkamaan hallinnon toimintajärjestelmien keskitystä. Tämän toiminnan tukena oli käynnistetty valtion budjetti- ja suunnittelujärjestelmien uudistus, joka hajautti toimivaltaa ministeriöille ja virastoille. Tästä uudistuksesta vastasi valtiovarainministeriö ja siellä tärkeänä vastuuhenkilönä budjettineuvos Tauno Ylinen.

Valtion liikelaitoskomitea onnistui purkamaan jo vuosisadan alusta vallinneen takalukon, jossa Valtionrautatiet ja Postilaitos olivat virastoja ja onnistui muuttamaan ne valtion liikelaitoksiksi. Kun liikelaitostamissuma oli lähtenyt liikkeelle, pyrkivät kyseiset liikelaitokset seuraavaksi saamaan oikeuden muuttua valtion osakeyhtiöiksi.

KANSAINVÄLISET ESIKUVAT

Markkinaistamiskehitykseen vaikuttivat merkittävästi kansainväliset esikuvat, joita tarjosivat OECD ja anglosaksisissa maissa toteutetut New Public Managementin (NPM) mukaiset uudistukset. Niiden avulla oli onnistuttu tehostamaan nimenomaan virastoina toimineita organisaatioita, sittemmin liikelaitoksia ja osakeyhtiöitä. Kokemukset olivat voittopuolisesti myönteiset, tosin selviä epäonnistumisiakin voitiin osoittaa. Tämä markkinaistamisen trendi oli voimakas ja kävi läpi koko läntisen Euroopan. Ainoastaan saksalaiset olivat liittovaltiotasolla kriittisiä mutta heilläkin markkinaistaminen tuli käyttöön osavaltioissa ja kunnissa.

Edellä kerrottu ja erityisesti budjetti- ja suunnittelujärjestelmien uudistukset merkitsivät uutta vaihetta hyvinvointivaltion kehityksessä. Markkinaistamiseen soveltuvat toiminnat kuten markkinoilla toimivat posti ja rautatiet yhtiöitettiin. Aiemmista suunnittelujärjestelmistä ei luovuttu. Niiden kohtaloksi muodostui kuitenkin 1990-luvun alkupuolen lama, joka romutti suunnitelmien realismin.

MUUTAMA SANA VALTIONOSUUS- JA BUDJETTIUUDISTUKSESTA

Valtionosuusuudistus ja budjettiuudistus loivat pohjan uudelle hajautetulle järjestelmälle. Ne merkitsivät sekä ministeriöiden ja virastojen sekä myös kuntien toimivallan merkittävää kasvua. Kunnat saivat suuren vastuun suunnata könttäsummina saamiaan valtionapuja hyvinvointitehtävien toteuttamiseen. Tällöin paljonkin julkista keskustelua syntyi silloin kun kunnat investoivat suuria summia esimerkiksi jäähallien rakentamiseen muiden hyvinvointipalvelujen kustannuksella. Toisaalta uusi valtionapujärjestelmä saattoi myös edistää lähikuntien välistä uudenlaista yhteistoimintaa kalliiden investointien toteuttamisessa.

Budjettiuudistus tarkoitti aikaisemmin pikkutarkan, tuhansiin momentteihin perustuvan, valtion budjetin uudistamista huomattavasti yksinkertaisemmaksi ja suurempiin määrärahakokonaisuuksiin perustuvaksi. Budjetin momenttien määrä putosi radikaalisti. Tämä merkitsi virastojen toimivallan kasvua menojen painottamisessa ja suuntaamisessa.

Hallinnossa tämä merkitsi myös vaadetta uudenlaiseen ohjaukseen ja virastotasolla aiempaa vaativampaan johtamiseen. Näihin vaateisiin pyrittiin vastaamaan valtionhallinnon tulosjohtamisen kehittämisellä 1980-luvulta alkaen.

Uuden johtamisajattelun ensiaskeleita

Johtamista oli valtionhallinnossa yritetty uudistaa jo 1970-luvulla silloisessa valtiovarainministeriön suunnittelusihteeristössä. Osastopäällikkö Reijo Marjasen johdolla selvitettiin tuolloin monissa yrityksissä jo toteutettavan uuden tavoitejohtamisen opin soveltumista valtionhallintoon. Suunnittelusihteeristössä laadittiin mm. tähän liittyvä kirjasarja ja ohjeistus. Aika ei kuitenkaan vielä ollut kypsä näille uusille opeille tilanteessa, jolloin valtionhallinnossa ei johtamisesta juurikaan puhuttu. Esitetty yksityiskohtainen työaikakirjanpito oli myös vastenmielinen virkamiehille. Anneli Temmes on kirjassaan Tavoitejohtamisesta tulosajatteluun, byrokratiasta tuloskulttuuriin: johtamisen ja kulttuurin muutoksesta (1991) käsitellyt esimerkkinä juuri valtionhallinnon 1970-luvun tavoitejohtamiskokeilua ja sen ongelmia.

1980-luvulla tulosjohtaminen linkittyi budjettiuudistukseen ja sai sitä kautta huomattavasti konkreettisemman perustan. Myös Valtionhallinnon kehittämiskeskuksessa VKK:ssa (entinen Valtion koulutuskeskus) perustettiin kehittämistyötä tukemaan erillinen Tulospalvelut (TUPA) -ryhmä, jonka tehtävänä oli tukea ministeriöitä ja virastoja tulosjohtamisen rakentamisessa. Ryhmää veti Pekka Huttunen. Tuolloin aika oli jo kypsempi uusille ja 1970-luvun jälkeen pitemmälle kehittyneille tulosjohtamisen opeille ja TUPA-ryhmän valtionhallinnon sisäisille konsulteille ja koulutuspäälliköille riitti varsin mukavasti kysyntää ympäri hallintoa, Helsingistä Rovaniemelle. Myös tulosjohtamisen koulutusta toteutettiin massiivisesti ja laadittiin, hyvinkin nopealla aikataululla, tulosjohtamiseen liittyviä julkaisuja. Tämän jälkeen tulosjohtamisen koulutus vakiintui normaaliksi osaksi virkamiesten johtamiskoulutusta. Tulosjohtamisesta oltiin kehittämässä valtionhallinnon uutta johtamisjärjestelmää.

Suuri kysymys on se, missä määrin tällainen virastojen johtamiseen perustuva doktriini oli riittävän toimiva ja koordinoitu. Tätä on käsitellyt Juhani Kivelä väitöskirjassaan *Valtiokonsernin talousohjauksen tila: tuki vai taakka?* (2010). Kivelä oli skeptinen tulosjohtamisen toimivuuteen ja kaipasi tiukempaa ohjausta erityisesti valtiovarainministeriöstä. Markku Temmes toimi väitöstilaisuudessa vastaväittäjänä ja yritti tuoda esiin virastojen johtamisen merkityksen mutta näki siinä myös kehittämistarpeita. Juhani Kivelän väitöskirja herätti kaiken kaikkiaan paljon keskustelua heti väitöstilaisuuden jälkeen, joka tilaisuus Tampereen yliopistolla oli ääriään myöten täynnä tunnettuja virkamiehiä ja poliitikkoja.

BYROKRATIATALKOOT JA PALVELUAJATTELU

BYROKRATIATALKOOT UUDENLAISENA AVAUKSENA

Byrokratiatalkoot toteutettiin 1980-luvun alussa. Ideana oli saada hallinnosta ideoita havaittujen byrokratiaongelmien poistamiseksi. Ajatus oli siinä määrin uusi, että virkamiesjohto ei sitä innokkaasti ajanut. Kuitenkin virastojen ja laitosten asiantuntijoiden ja työntekijöiden tasolta tehtiin lähes 5000 byrokratian vähentämistä tai poistamista koskevaa aloitetta. Järjestelyosastolla byrokratiatalkoista vastaava virkamies oli nykyinen Vantaan kaupunginjohtaja Ritva Viljanen.

Valtiovarainministeriön virkamiesjohto hyväksyi hankkeen mutta ministeri Pirkko Työläjärven lausuma "en halua olla byrokratian papitar" ehkä kuvaa sen hetkistä asennoitumista. Näitä aloitteita käsiteltäessä havaittiin, että ne useimmiten olivat vaikeasti toteutettavissa. Niinpä kampanjan merkitys oli lähinnä siinä, että se oli kaksisuuntainen viesti: toisaalta hallinnon uudistajien viesti hallinnolle siitä, että byrokratiaongelmia oli ryhdyttävä ottamaan vakavasti. Toisaalta hallinnosta tuli viestiä siitä, että näitä ongelmia todella oli hallinnossa runsaasti.

Tehdyt lähes 5000 aloitetta olivat sisällöltään laidasta laitaan. Joukossa oli pieniä, hyvinkin konkreettisia ja helposti korjattavia asioita mutta myös suuria periaatteellisia kysymyksiä. Näitä käsiteltiin yhdessä valtiovarainministeriön järjestelyosaston asiantuntijoiden sekä virastojen ja laitosten edustajien kanssa. Aloitteiden käsittely oli osaltaan edistämässä laajempaa uudenlaista ajattelua ja kehittämistyötä virastotasolla. Toki myös jälkikäteen kritiikkiä tuli siitä, että moniin merkittäviin ongelmiin ei tämän hankkeen yhteydessä löydetty ratkaisuja. Asiantuntijakeskustelut eivät riittäneet monien vaikeiden ongelmien käsittelyyn vaan asiaan olisi pitänyt panostaa huomattavasti enemmän. Varmasti voidaan kuitenkin sanoa, että byrokratiatalkoot olivat aikanaan merkittävä avaus ja uudenlainen tapa toimia, jonka yhteydessä helpohkosti kartoitettiin hallinnon byrokratiaongelmia.

PALVELUAJATTELUA HALLINTOON, HALLINTOALAMAISISTA ASIAKKAISIIN

Uuden ajattelutavan mukanaan tuomasta kehitystyöstä ehkä paras esimerkki oli monen viraston ja laitoksen palveluajattelua ja palvelujen kehittämistä tukeva toiminta. Palveluajattelussa oli kysymys siitä, että ne virastot ja laitokset, jotka olivat kansalaisten kanssa tekemisissä palvelujen tuottajina, alkoivat kiinnittää huomiota näiden palvelujen sisältöihin, rakenteisiin ja saatavuuteen nimenomaan kansalaisten näkökulmasta.

Uusi ajattelu toi virastoihin paremmat palvelutilat, jonotusjärjestelmät ja henkilöstön kouluttamisen hyvien palvelujen tuottamiseen. Käsittelyaikoja lähdettiin lyhentämään. Kyseessä ei ollut vanhojen palvelujen tuottaminen aikaisempaa kohteliaampien ja hymyilevien virkamiesten toimesta, vaikka näin joissakin skeptisissä arvioissa haluttiinkin esittää. Ei se hymykään toki haitaksi ollut, haluttiin osoittaa, ettei virkamiestä palvelutilanteessa tarvitse pelätä eikä enää haluttu kohdella kansalaisia hallintoalamaisina vaan aidosti asiakkaina. Näihin aikoihin myös eräät virastot järjestivät ensimmäisiä näkyviä mainoskampanjoita omasta palvelutoiminnastaan. Tämä lienee osaltaan vaikuttanut paremman hallinnon kuvan muodostumiseen sekä hallinnon ja virkamiesten arvostuksen nousuun kansalaisten silmissä.

Palveluajattelu tuotti myös pitkälle menevää kehitystä, mm. verohallinnossa, lähinnä tietotekniikan avulla. Toinen merkittävä palvelujen kehittäjä oli Kansaneläkelaitos ja jonoja saatiin purettua myös mm. Patentti- ja rekisterihallituksessa. Palvelujen kehittämistä tukevaa koulutusta järjestettiin sekä avoimena että virastokohtaisena koulutuksena eri henkilöstöryhmille. Virastojen johdon myönteinen asenne oli kehityksessä merkittävä tekijä. Koulutus ulottui luonnollisesti myös asiakkaan rajapintaan eli hyvin konkreettisena asiakaspalvelukoulutuksena tälle henkilöstöryhmälle.

Asiakokonaisuus, joka muodostui byrokratiatalkoista ja palveluajattelun kehittämisestä, sijoittuu sisällöllisesti hyvinvointivaltion rakentamisen toiselle eli tulosjohtamisen kaudelle vaikka hankkeet käynnistyivätkin jo ennen sitä.

KOULUTUSTA OPISKELIJOILLE JA VIRKAMIEHILLE

HALLINTOTIETEELLISEN KOULUTUKSEN LAAJENEMINEN

Hallintotieteellinen koulutus käynnistyi Tampereen yliopistossa 1960-luvulla. 1970-luvulle siihen kuuluivat julkishallinnon, julkisoikeuden, kunnallistieteen ja aluetieteen opinnot. Näistä julkishallinto oli läheisin valtionhallinnon kehittämistoiminnalle. Ensimmäinen julkishallinnon professori Tampereella oli legendaarinen Kauko Sipponen, jota myöhemmin seurasi nuori professori Juha Vartola. Näiden hallintotieteen uranuurtajien sekä uusien nuorten lupausten kanssa valtiovarainministeriön järjestelyosasto hakeutui läheiseen yhteistyöhön. Tämä yhteistyö merkitsi tutkimuksellisen tiedon aikaisempaa parempaa hyödyntämistä hallinnon uudistuksissa. Yhteistyön pohjalta syntyi myös joukko merkittäviä julkaisuja. Kehittämisprojekteissa oli tutkijoita ja asiantuntijoita myös yliopistoista.

Yhteistyö Tampereen yliopiston kanssa oli erityisen läheistä. Järjestelyosasto pyrki jo 1970-luvulla yhteistyöhön myös Helsingin yliopiston valtiotieteellisen tiedekunnan kanssa. Tämä ei kuitenkaan onnistunut. Yhteinen keskustelu, jossa yhteistyöstä olisi pitänyt tuolloin päättää, johti umpikujaan koska valtio-opin laitoksen edustajat korostivat sitä, että mitään tutkimusta ei voi eikä saa ohjata viranomaisten toimesta.

Tähän tapahtumaan liittyi lähes humoristinen tilanne, jossa kolme järjestelyosaston edustajaa istui yliopiston päärakennuksen vanhassa luentosalissa ja asetelma oli se, että valtio-opin laitoksen edustajat olivat ylempänä olevan katederin takana läksyttäen virkamiehiä. Aikansa kuunneltuaan virastovaltuutettu Seppo Salminen totesi nuoremmille virkamiehille "pojat, lähdetään kotiin"! Käytännössä yhteistyö Helsingin yliopiston kanssa lähti liikkeelle vasta 1990-luvulla professori Tuomo Martikaisen kautta.

Hallintotieteen opintojen laajentuessa muihin yliopistoihin, näistä tuli myös hallinnon kehittämishankkeisiin yhteistyökumppaneita kuten Vaasan ja Lapin yliopistoista.

Hallintotieteellinen yliopistokoulutus (ensi vaiheessa Tampereen yliopisto) tuotti hallintoon suurehkon joukon uusia virkamiehiä. He olivat käytännössä jo valmiiksi koulutettuja hyvinvointivaltion problematiikkaan ja olivat innoissaan tulossa kehittämistyöhön mukaan. Hallintotieteet alkoivat näkyä myös eräiden nuorien poliitikkojen koulutustaustana. Myös paikallishallinnossa merkittävä osa kuntien johtajista on 1970-luvulta alkaen ollut hallintotieteellisen koulutuksen saaneita.

KOULUTUSTA VIRKAMIEHILLE – TUKEA HYVINVOINTIVALTION RAKENTAMISEEN JA KEHITTÄMISEEN

Suomi on koulutusta korostava ja ihannoiva maa. Tämä koskee myös virkamiehiä eri organisaatioissa, eri hallinnon tasoilla ja eri henkilöstöryhmissä. Se koskee virkamiehiä ylimmästä johdosta asiantuntijoihin ja suorittaviin tukitehtäviin saakka. Koulutus on suomalaiselle virkamiehelle velvollisuus ja oikeus. Se on välttämättömyys, jonka merkitys korostuu hallinnon muutoksessa, jos mahdollista, vieläkin enemmän.

Hyvinvointivaltion rakentamisen ensimmäinen kausi merkitsi myös aiempaa laaja-alaisemman osaamisen ja systemaattisemman koulutuksen vaadetta. Hallintoon tuli uudenlaisen osaamistaustan omaavia virkamiehiä perinteisen juristitaustan lisäksi. Johtamiseen kiinnitettiin toki jo 1960–70-luvuilla huomiota mutta systemaattisemmin ammattimaisesta johtamisesta alettiin puhua valtionhallinnossa vasta 1980-luvulla. Tuolloin myös koulutusta tarjottiin ja siihen hakeuduttiin enemmän. Ymmärrettiin myös se, ettei johtajan tarvitse suinkaan olla yksikön paras asiantuntija, vaikka perinteisesti johtajarekrytoinneissa oltiinkin kovin herkästi nimittämässä se paras asiantuntija myös johtamistehtävään.

KESKITETTY VIRKAMIESKOULUTUS – VKK:STA HAUSIIN

Ministeriöt ja virastot ovat aina vastanneet itse virkamiestensä substanssikoulutuksesta. Kaikille yhteisiä koulutusteemoja on vuodesta 1971 alkaen tarjottu myös keskitetysti kansallisessa virkamieskoulussa, tuolloin nimeltään Valtion koulutuskeskus. Eurooppa-tasolla Suomen virkamieskoulu ei suinkaan ollut ensimmäinen vaan malleja löytyi jo monesta maasta, mm. kaikista suurista Länsi-Euroopan maista sekä Ruotsista ja Tanskasta.

Uusi koulutuskeskus alkoi järjestää pitempiä koulutusohjelmia ja lyhytkursseja mm. johtamisesta, henkilöstöhallinnosta, taloushallinnosta, hallinto- ja oikeusjärjestelmästä ja kielistä. VKK perustettiin budjettirahoitteiseksi laitokseksi valtiovarainministeriön alaisuuteen, jota ministeriötasolla ohjasi järjestelyosaston koulutustoimisto. Koulutuskeskus rakensi yhteyden Suomen hallintoon ja myös pohjoismaisiin ja eurooppalaisiin kollegalaitoksiin. Koulutusten markkinointi ei tuolloin ollut ongelma, kursseille oli lähes aina tulossa enemmän osanottajia kuin mitä paikkoja oli. Koulutuskeskuksen ohjaus oli tiukkaa budjettiohjausta ja kursseja järjestettiin lähtökohtaisesti juuri sen verran kuin vuosittain oli suunniteltu.

MONIA MUUTOKSIA

Myöhemmin VKK kävi läpi monia muutoksia. Sitä voidaankin pitää suomalaisen hallinnon kehittämisen ja myös hyvinvointivaltion rakentamisen eri vaiheiden pienoiskeisinä.

Maksullisuus tuli koulutukseen mukaan 1987 alkaen, niin kuin eräisiin muihinkin valtionhallinnon tuottamiin palveluihin. Se oli valtava muutos niin VKK:ssa kuin valtion asiakasorganisaatioissakin. Muutos koettiin sekä toiminnan että kulttuurin muutoksena. Virkamieskoulutuksesta ei oltu totuttu maksamaan eikä siitä laskuttamaan tai palveluita markkinoimaan. Periaatteellista vastustusta oli molemmilla puolilla. VKK:n vuosittainen budjettirahoitus pieneni vuosi vuodelta ja tulorahoituksella tuli kattaa aina suurempi osuus menoista. Tämä oli uutta. Kokonaan budjettirahoitus päättyi v. 1995 VKK:n aloittaessa valtion liikelaitoksena; budjetissa oli kyllä vielä mukana vuokratuki hienoon Munkkiniemen kiinteistöön.

Maksullisuus ja erityisesti liikelaitosvaihe opetti ministeriöt ja virastot maksamaan koulutuksesta ja samalla arvioimaan aikaisempaa tarkemmin koulutustarpeensa ja suunnittelemaan vuosittaiset koulutuspanostuksensa. VKK:ta liikelaitosvaihe valmisti seuraavaan vaiheeseen eli yhtiöittämiseen, mikä tapahtui v. 2002. Tämä hyppäys ei enää tuntunut niin suurelta, koulutusorganisaatio oli jo oppinut toimimaan yritysmäisesti.

Tällä hetkellä HAUS kehittämiskeskus Oy on valtion täysin omistama osakeyhtiö, jota säätelee laki HAUS kehittämiskeskus nimisestä yhtiöstä ja jonka pohjalta HAUS on toiminut ns. inhouse-toimijana valtionhallinnon asiakkaille vuodesta 2010 alkaen. Koulutuksen pääteemoina ovat säilyneet horisontaaliset koko valtionhallinnolle yhteiset teemat. 1980-luvun lopulta alkaen panostettiin tulosjohtamiskoulutukseen, 1990-luvulla Euroopan Unionin jäsenyyteen valmistautumiseen ja laajemmin EU-osaamiseen. Perusteemoina säilyivät kuitenkin johtaminen, hyvä hallinto, lainvalmistelu sekä valtion henkilöstö- ja taloushallinto.

Osana toimintaa HAUSilla on myös ollut jo 1990-luvulta lähtien laajaa kansainvälistä toimintaa, paitsi yhteistyönä eurooppalaisten kollegalaitosten kanssa, myös liiketoimintana erityisesti EU:n rahoittamien hankkeiden toteuttajana. Näiden hankkeiden, erityisesti valtioiden välisen Twinningin kautta moni suomalainen virkamies on saanut merkittävää kansainvälistä oppia. Toki kompurointia ja kummallisia tilanteitakin matkojen varrelle mahtuu mutta laitetaan nämä myös oppimisen tiliin. Tiedämme, ettei paraskaan asiantuntija maailmalla pärjää, ellei osaamiseen kuulu monikulttuurisessa työympäristössä toimiminen, normaalit sosiaaliset taidot ja kyky kuunnella. Myös oman työn ja elämän hallinta poikkeuksellisissa oloissa kuuluu Twinningosaamiseen.

Koulutusrakenteissa viime vuosien aikana tärkein kehittämisalue on ollut koko valtionhallinnon yhteinen digitaalinen oppimisalusta eOppiva, joka tarjoaa koulutusta kaikille valtionhallinnon virkamiehille erityisesti yhteisistä koulutusteemoista, joissa vähintäänkin perusosaamisen halutaan nopeasti läpäisevän koko virkamieskunnan.

HAUSin vuosien ja vuosikymmenten kehittämisvaiheet ja kokemukset ovat herättäneet runsaasti kansainvälistä kiinnostusta. Euroopan unionin uudet jäsenmaat ovat omia virkamieskoulujaan rakentaessaan olleet kovin kiinnostuneita HAUSin vaiheista. Myös vanhojen jäsenmaiden kollegat ovat aina mielellään sparrailleet suomalaisten kanssa HAUSin malleista ja kokemuksista. Paljon kansainvälistä keskustelua on käyty virkamieskoulun ja koulutuksen roolista karriäärijärjestelmän osana ja toisaalta avoimessa järjestelmässä.

Opintomatkoilla Suomessa vierailleet eri maiden virkamiehet ovat aina myös vaatineet saada kuulla suomalaisen hyvinvointivaltion rakentamisen eri vaiheista ja sen työkaluista. Hallinnon kehittämisen hankkeista on kaivattu syvällisiä kokemuksia ja vieraamme ovatkin olleet kiitollisia, kun suomalaisina olemme niitä jakaneet sekä onnistumisista että epäonnistumisista. Venäläisten virkamiesten kysymykset 1990-luvulla toki joskus hämmensivät kokeneetkin suomalaiset luennoijat kuten "miten valtio toimii jos virkamies varastaa junavaunun" tai filosofisemmat kysymykset virkamiesten olomassaolon perustasta!

ERILAISIA KOULUTUSMALLEJA

Tulevaisuuden virkamies tarvitsee hyvin monenlaista osaamista. Sitä ei voi saada pelkästään parhaimmistakaan koulutusohjelmista tai digikursseista. Ympäristö muuttuu, tarpeet kasvavat, osaaminen vanhenee – kaikki tämä huomattavasti nopeammin kuin hyvinvointivaltion alkuvaiheissa. Virastoissa tarvitaan ammattimaista osaamisen johtamista sekä ylimmän johdon ymmärrystä kehittyvän HR-toiminnan tukemana. Lisäksi tarvitaan keskitettyä koko valtionhallintoa koskevaa johtamis- ja HR-osaamista ja tukea.

STRATEGIAA JA MANAGERISMIA

Ohjausjärjestelmien kehittäminen alkoi 1980-luvulla budjetti-uudistuksena, jota valtionosuusuudistus säesti, sekä virastojen ja laitosten lisääntyneenä toimivaltana itse kehittää omia organi-saatioitaan ja toimintojaan. Budjettiuudistus antoi tähän täydet valtuudet. Keskitetyn kehittämisen aikakausi oli näin päättynyt. Tilalle oli tullut laaja kirjo erilaisia kehittämishankkeita, jotka pääosin kohdistuivat virastojen toimintojen, johtamisen ja suun-nittelun kehittämiseen. Itse asiassa 1980-luku oli tässä suhteessa aiempaan kehittämiseen verrattuna paitsi moninaisempaa niin myös sekavampaa.

Juhani Kivelän nimitys valtiovarainministeriön alivaltiosih-teeriksi vuonna 1989 selkeytti hallinnon uudistamisen tilan-netta. Kivelä tuli johtamaan hallintouudistusten valmistelua ja toimeenpanoa. Hän tuli tehtävään valtionhallinnon ulkopuo-lelta tuoden mukanaan myös voimakasta strategista ajattelua ja managerismia. Kivelän johdossa uudistuspolitiikka eteni määrä-tietoisesti vuoteen 1999 saakka, jolloin Kivelä saavutti eläkeiän. Hallinnon uudistuksen ajankohtaisia hankkeita tuona 10 vuote-na olivat erityisesti liikelaitos- ja yhtiöittämiskehitys, virastojen johtamisjärjestelmien kehittäminen, virkamieskoulutus, EU-jäsenyys ja kansainvälinen toiminta.

SUURTEN KEHITTÄMISHANKKEIDEN TOTEUTUS

Valtionhallinnon uudistamishankkeita koordinoimaan perustettu Hallinnon kehittämisen ministerivaliokunta (HALKE) toimi tuona aikana aktiivisesti kokoontuen yhteensä 104 kertaa. Ensimmäisessä kokoonpanossa puheenjohtajana toimi hallinnon kehittämisestä vastaava ministeri Ilkka Kanerva ja jäseninä sekä ministereitä että johtavia virkamiehiä. Myöhemmin virkamiesten määrää vähennettiin. Ministerivaliokunnan kautta saatiin uudistuksille poliittinen tuki.

1990-lukua varjostivat kansantalouden vaikeudet sekä valtionhallinnon menojen supistamishankkeet. Tämä ei kuitenkaan estänyt uudistustyön jatkumista niillä alueilla, joilla ei käytetty suuria menoeriä. Erotuksena aikaisempiin ajanjaksoihin tälle ajalle oli ominaista pidättäytyminen uusien organisaatioiden perustamisesta.

Korkeantason johtamisohjelmana toteutettiin laaja Kansallisen strategian kehitysohjelma. Sen takana ja tekijöinä olivat valtiovarainministeriö, Sitra, Liikkeenjohdon instituutti Lifim ja Hallinnon kehittämiskeskus VKK/HAUS. Ohjelma oli merkittävä uusi avaus, jonka erinomaisia ideoita monet myöhemmät johtamisohjelmat ovat hyödyntäneet ja edelleenkin hyödyntävät. Ohjelmaan sisältyi osioita Suomessa ja eräissä EU-maissa. Korkeantason ohjelma toi yhteen ylintä johtoa hallinnosta, politiikasta ja yrityksistä, olipa mukana myös kirkon edustus. Pääministeri kutsui osanottajat ja kaikki luonnollisesti tulivat mukaan. Keskeisenä punaisena lankana noina vuosina oli EU-jäsenyys ja sen vaikutukset kansalliseen strategiaamme.

Kansallisen strategian ohjelman toteutuksen puolivälissä valtiovarainministeriö halusi ohjelmaan myös Venäjä-osuuden, jonka silloinen HAUS valmisteli ja toteutti. Tätä osuutta pidettiin niin tärkeänä, että se järjestettiin valtiovarainministeriön tilaamana myös aiemmille ryhmille erillisohjelmana. Ohjelma oli korkeatasoinen sisältäen tapaamisia mm. Duumassa, Turvallisuusneuvostossa ja silloisessa hallituksen alaisessa Kansantalouden Akatemiassa, jonka kanssa VKK:lla oli ollut jo vuosien yhteistyö. Suomen suurlähetystö oli ohjelman valmistelussa ja toteutuksessa tärkeä tuki ja kumppani. Näiden Moskovan jaksojen aikana käytiin upeita keskusteluja sekä virallisesti että epävirallisesti. Mielenkiintoista oli havaita, että monet korkeat johtajamme vierailivat itänaapurissa ensimmäistä kertaa. Ohjelman päättyessä useat osanottajat totesivatkin, kuinka kolme vuorokautta Moskovassa yhdistivät ja jos jokin koulutus muistetaan aina, niin tämä oli varmasti yksi niistä! Moskovan ohjelmien rehtoreina vuorottelivat ministeri Jaakko Iloniemi ja alivaltiosihteeri Juhani Kivelä.

Liikelaitos- ja yhtiöittämiskehitys

Laki valtion liikelaitoksista vuodelta 1987 avasi valtionhallinnon markkinaistamiskehityksen, joka kehitys osoittautui nopeaksi. Suuret Posti- ja tele sekä Valtionrautatiet olivat luonnollisesti merkittäviä uudistuksia mutta niiden vanavedessä tuli myös muita uusia liikelaitoksia. Tämä vaihe ei kuitenkaan kestänyt kovin kauaa sillä Posti- ja telelaitos sekä VR pyrkivät aktiivisesti jatkamaan uudistumistaan aina yhtiö-malliin saakka. Yleisesti voidaan todeta, että 1980–90 -luvuilla toteutettiin laajamittainen perusta markkinaistamiselle. Ongelmaksi jäi kuitenkin näiden organisaatioiden todelliset valmiudet toimia markkinoilla.

Kehitykselle oli ominaista, että se tapahtui sysäyksittäin ja kokonaista kuvaa kehityksen suunnasta ei oikein ollut. Kuitenkin voidaan sanoa, että noina vuosina käytiin valtionhallinnon osalta varsin systemaattisesti läpi markkinaistamisen mahdollisuudet yhtiö-mallien kautta ja valtionhallinto sai tuolloin pitkälti sen muodon, mikä sillä on tänä päivänä. Kunnallishallinnon markkinaistamisen aikataulu tuli perässä hieman myöhemmin,

Valmistautuminen Euroopan unionin jäsenyyteen

Euroopan unionin jäsenyyteen vuonna 1995 ja myöhemmin Suomen ensimmäiseen puheenjohtajuuteen vuonna 1999 valmistauduttiin huolellisesti ja siihen myös investoitiin budjettivaroja. Alivaltiosihteeri Juhani Kivelän toimeksiannosta laadittiin vuonna 1993 ensimmäinen strategia virkamiesten valmentamiseksi Euroopan unionin jäsenyyteen. Tähän kolmen naisen (Tarja Brandes, Sirpa Kekkonen, Anneli Temmes) pikavauhdilla valmistelemaan strategiaan pohjautuen järjestettiin eri kohderyhmille laajamittaista koulutusta koko valtionhallinnossa. Koulutus koski EU:n rakenteita, toimintaa, eurooppaoikeutta sekä neuvottelutaitoa. Vanhojen jäsenmaiden käytäntöjä opiskeltiin paikan päällä, mm. Tanskassa ja Iso-Britannian myöhemmin lakkautetun erinomaisen Civil Service Collegen Sunningdalen koulutuskeskuksessa. Irlannissa opiskeltiin erityisesti sitä, miten EU:stä saadaan kaikki mahdolliset tuet käyttöön! Virkamiesten kielikoulutukseen investoitiin paljon. Tämä sisälsi myös intensiivistä ranskan kielen opetusta käytännössä usein alkeista alkaen. Ranskan kielen taitoisia virkamiehiä oli Suomessa tuolloin vain hyvin pieni määrä ja tätä joukkoa haluttiin kasvattaa ennen kuin uudet ranskaa jo koulussa opiskelleet sukupolvet tulevat hallintoon.

Suomen EU-valmennusstrategia herätti paljon kansainvälistä huomiota, siitä haluttiin kuulla kansainvälisissä alan konferensseissa ja sen pohjalta suomalaiset asiantuntijat pyydettiin moniin hankkeisiin, joissa uusia maita valmennettiin mahdolliseen EU-jäsenyyteen. Tämä oli myös esimerkki strategiasta, joka niin sanotusti kului käytössä eli se toteutettiin täysin.

Virkamieskoulutus sai häämöttävän EU-jäsenyyden myötä suuren painoarvon. Osana koulutusta edistettiin myös eurooppalaista ja kansainvälistä yhteistyötä. Sitä tehtiin tulevien EU-kumppanimaiden suuntaan ja myös itään päin niin Venäjälle kuin uusiin itäisen Euroopan demokratioihin. Monia uusia ovia avattiin mm. Baltian maiden hallintoon.

Koulutusyhteistyö venäläisten kanssa oli aktiivista ja uuteen Venäjään tutustuminen sisältyi myös osana EU-puheenjohtajuusvalmennukseen. Suomi lienee ainut EU-maa, joka koulutti suuren osan johtavaa virkamiehistöä Moskovassa tuntemaan uuden Venäjän hallintoa, oikeusjärjestelmää ja taloutta. Tietoa saimme myös kouluttamalla johtavia venäläisiä virkamiehiä Suomessa osana Suomen ja Venäjän välistä lähialueyhteistyötä. Keskustelut ohjelmien aikana olivat aina intensiivisiä ja erittäin kiintoisia molemmin puolin. Venäläisten tiedon halu oli pohjaton monien asioiden ollessa heille täysin uusia, samoin kuin uusi Venäjä oli arvoitus suomalaisille virkamiehille.

HYVINVOINTIVALTION PUOLUSTUS

Hyvinvointivaltion puolustajat eivät yleensä tarkemmin kerro mitä he tosiasiassa hyvinvointivaltiolla tarkoittavat ja mitä he puolustavat. Näin ollen tämän puolustamisen tulokset jäävät helposti epäselviksi. Jos tämän päivän tiedon perusteella arvioidaan hyvinvointivaltion puolustamisen tuloksia sen alkukaudelta, jolloin hyvinvointivaltio rakennettiin tiettyjen perinteisten organisaatiomallien varaan, puolustus on tältä osin epäonnistunut koska valtaosa näistä hyvinvointivaltion perustan organisaatiojärjestelyistä, esimerkiksi monet valtion keskusvirastot ja lääninhallitukset, ovat jo historiaa.

Puolustamisella tulee kuitenkin ensi sijaisesti tarkoittaa hyvinvointivaltion rakentamisen aikaan syntyneitä keskeisiä uudistuksia kuten peruskoulu, kansanterveysjärjestelmä ja päivähoito. Nämä ovat kestäneet paremmin eikä niiden perusteisiin suurta kritiikkiä ole kohdistunut, toki sisältöjä on pyritty koko ajan kehittämään.

KRITIIKKIÄ JA RAJOJEN KOKEILUA

Hyvinvointivaltion henkilöstömäärien kasvaessa nopeasti sen ohjausjärjestelmät ja rakenteet joutuivat koetukselle. 1960-luvun alussa sekä valtionhallinnossa että kunnissa työskenteli kummassakin noin 100 000 työntekijää. 1989 valtiolla oli noin 215 000 virkamiestä ja työntekijää ja kunnallishallinnossa, johon hyvinvointivaltion laajentaminen oli kohdistunut, yli 400 000 työntekijää.

Saavuttaessa 1980-luvulle ja sen jälkeiseen aikaan, kysymys siitä miten hyvinvointivaltio on pärjännyt siihen kohdistuvaan kritiikkiin, ei ole yksiselitteinen. Tässä on kyseessä hajautuksen vaikutukset hyvinvointivaltion toimintaan. Markkinaistamisen osalta kysymys on uudistuspolitiikasta, joka edelleen hakee rajojaan ja monien mielestä nämä rajat on jo saavutettu, osin ylitettykin. Valtion virkamiesten lukumäärä on huomattavasti pienentynyt erityisesti liikelaitostamisen ja yhtiöittämisen sekä vuonna 2010 toteutetun yliopistouudistuksen kautta.

Hajautus on mullistanut valtionhallinnon toimintatapoja antamalla ministeriöille, virastoille ja laitoksille enemmän itsenäistä toimivaltaa. Kuitenkin monet valtakunnallista otetta edellyttävät asiat, kuten tietotekniikan kehitys, ovat muuttuneet vaikeammin hallittaviksi. Virastokohtaiset toimintatavat ja mallit ovat aiheuttaneet selviä yhteensovittamisongelmia.

Eräs tulkinta sote-uudistuksen kompuroinnista on se, että kyseiseltä alalta vietiin vahva virkamiesjohtoinen keskusvirasto, joka olisi pystynyt varmistamaan uudistuksen vaatiman laajan pohjatyön ja valtakunnallisen johdon.

Yhteenvedon tekeminen hyvinvointivaltion toisesta rakennuskaudesta on vaikeaa. Kehitys lähti varsin keskitetystä mallista ja päätyi ehkä liiankin sekavasti hajautettuun järjestelmään.

Erityisesti kuntien erilainen toiminta saattoi jopa vaarantaa kansalaisten perusoikeuksien toteutumista. Voidaankin sanoa, että toisen vaiheen kohdalla asetelma on tavallaan kääntynyt toisin päin: hyvinvointivaltion puolustajat ovat samalla puolustamassa hajautettuja ja markkinaistettuja malleja, jotka eivät sinällään sisälly hyvinvointivaltion perusideaan.

On myös todettava, että hyvinvointivaltion rakentamisen toisessa vaiheessa, erityisesti 1990-luvun jälkeen, uudistamisote on ajoittain ollut niin hallitsematon, että siitä on ollut haittaa hyvinvointivaltion kehittämiselle.

Jo ensimmäisen hyvinvointivaltion rakennuskauden seurauksena tuli muutoksia valtionhallinnon lisäksi paitsi kunnissa myös yksityisellä sektorilla. Ne olivat suurelta osin vielä välillisiä mutta niiden konkretisoituminen alkoi näkyä vähitellen kansantalouden kannalta merkittävällä tavalla. Hyvänä esimerkiksi tästä on tieliikenteen laajeneminen. Vastaavanlaisia esimerkkejä nähtiin myös muilla aloilla, joissa yhteiskunnan toiminta oli aktivoitunut.

Toinen hyvinvointivaltion rakennuskausi merkitsi laajempaa yhteiskunnan muutosta sisältäen mm. byrokratian keventämisen, palveluajattelun ja digitalisaation. Näillä uudistuksilla oli vaikutusta julkishallinnon lisäksi koko yhteiskunnassa ja kansantaloudessa. Yhteiskunnan modernisaatio merkitsi tehokkaampaa resurssien käyttöä ja siten parempaa talouden toimintaa. Edellä kuvatut julkishallinnon yli menevät vaikutukset kuvaavat hallintouudistusten merkitystä koko yhteiskunnalle, ei vain julkishallinnolle.

KOHTI HYVINVOINTIVALTION KOLMATTA
KEHITYSVAIHETTA (VUODET 2007–)

Edellä olemme käsitelleet hyvinvointivaltion ensimmäistä (1956–1987) ja toista (1987–2007) rakennuskautta, jotka jälkikäteisessä tarkastelussa hahmottuvat varsin selkeinä hyvinvointivaltion kehityksessä. Ensimmäinen rakennuskausi loi perustan suurten hyvinvointiuudistusten, kuten peruskoulu, terveydenhoito ja päivähoito, rakentamiselle. Ensimmäisen vaiheen hyvinvointivaltio oli tiukasti valtiojohtoinen ja keskitetty. Siinä valtiovarainministeriön järjestelyosastolla oli keskeinen rooli.

Toinen rakennuskausi painotti hyvinvointivaltion järjestelmien ja toimintatapojen uudistamista. Se merkitsi toimintojen hajauttamista ja laajaa kirjoa eri puolilla hallintoa tapahtuvaa kehittämistoimintaa, jota oli usein vaikeaa kontrolloida ja koordinoida. Tästä on hyvänä esimerkkinä tietotekniikan kehitys, joka muuttui valtion tietokonekeskus -painotteisesta politiikasta virastojen ja laitosten omiksi hankkeiksi.

JOHTAMISJÄRJESTELMÄ KESKITETYSTÄ MALLISTA HAJAUTETTUUN

Merkittävä toisen rakennuskauden muutos oli johtamisjärjestelmän muutos keskitetystä hajautettuun. Vanha yksityiskohtaiseen budjetointiin perustuva järjestelmä korvattiin hajautetulla mallilla, jota ruvettiin kutsumaan tulosohjaus- ja tulosjohtamisjärjestelmäksi. Voidaankin perustellusti hahmottaa hyvinvointivaltion toisen rakennuskauden nimeksi tulosjohtamisen kausi. Tulosjohtamisen aikakaudelle oli ominaista virastojen ja laitosten aktiivisuuden lisääntyminen mutta toisaalta myös kehittämistoiminnan hajanaisuus. Alivaltiosihteeri Juhani Kivelän vastuulla vuosina 1989–99 tätä hajanaisuutta pyrittiin hallitsemaan strategisella johtamisella ja siinä onnistuttiinkin kohtuullisesti. Hänen jälkeensä kehitys on ollut entistä hajanaisempaa. Kuvaavaa on, että aiempi valtiovarainministeriön järjestelyosasto lakkautettiin osastona vuonna 2011. Myös komitealaitos hiipui pikkuhiljaa merkityksettömäksi valmistelun kannalta. Ministereiden mielestä oli helpompaa toimia nopeatempoisten työryhmien kautta koska se maksimoi ministerin ja ministeriön toimivallan.

KOLMAS KEHITYSVAIHE 2007–

Tämän hahmotelman perusteella ensimmäistä ja toista rakennuskautta seuraa kolmas kehitysvaihe (emme puhu enää rakennuskaudesta). Hallinnon tapahtumat, kuten laajoissa uudistuksissa koetut vastoinkäymiset, ovat pohjustaneet uuden kehitysvaiheen syntymistä. Mitkä ovat tämän uuden kehitysvaiheen elementtejä? Näyttää siltä, että professori Geerd Bouckardin ajatukset hallinnon uudistuspolitiikan etenemisestä välillä voimakkaasti eteenpäin ja välillä ottaen muutamia taka-askeleita eli korjausliikkeitä, ovat merkittäviä hallinnon kehittämisen nykytilanteessa. Tämä voisi tarkoittaa mm. komitealaitoksen modernia elvyttämistä ja joidenkin hallinnon uudistusten voimakkaampaa valikoivaa keskittämistä valtiovarainministeriölle.

Kolmannelle kehitysvaiheelle siirryttäessä oli tunnusomaista vastuiden ja tehtävien jaon hämärtyminen poliittisessa päätöksenteossa ja virkamiesvalmistelussa. Tarkastelemme tätä kehitysvaihetta vuodesta 2007 alkaen, jolloin tunnusomaista ovat olleet poliittiset kompromissit ja uudenlainen, usein ohueksi jäävä, hallitusohjelmiin kytkeytyvä suurten hankkeiden valmistelu. Tämä on koskenut erityisesti alue- ja paikallishallinnon sekä sosiaali- ja terveystoimen kehittämistä, joissa jokaisella hallituksella on ollut oma agendansa. Pääministeri Jyrki Kataisen hallituksen (2011) keskeisenä hallinnon kehittämistavoitteena oli kuntauudistus, jota valmisteltiin pitkälti virkamiestyönä ministeri Henna Virkkusen johdolla. Uudistus kaatui sekä perustuslakivaikeuksiin että voimakkaaseen poliittiseen vastustukseen.

Poliittisten kompromissien linja jatkui pääministeri Juha Sipilän hallituksen sote- ja maakuntauudistuksen kehittämisenä, joista kumpaakaan uudistusta ei kyetty toteuttamaan.

Yhtenä selittävänä tekijänä ongelmille on yhteiskunnan kompleksisuuden lisääntyminen. Tähän on johtanut hyvinvointivaltion laajentuminen uusille sektoreille ja tukitoimintoihin, mikä on lisännyt yhteiskunnan ja hallinnon keskinäisriippuvuutta. Tämä on tuonut mukanaan uudenlaisia ongelmia, joihin on vaikea perinteisillä keinoilla löytää ratkaisuja. Tunnusomaista on se, että hyvinvointivaltion yhden sektorin ratkaisut vaikuttavat usealla muullakin sektorilla eikä niitä aina voida ennakoida. Näin syntyvät ongelmat ovat hallinnon kannalta pirullisia ongelmia (wicked problems).

UUDET KOMITEAT

Komitealaitoksen elvyttämiseksi onkin jo askeleita otettu. Komitealaitoksen hyödyntäminen laajojen hankkeiden valmisteluun on kirjattu nykyisen hallituksen ohjelmaan ja valmistelua komiteoiden käyttöönottoon on tehty valtiovarainministeriössä ja valtioneuvoston kansliassa. Komiteatyössä korostetaan aiempaa enemmän avoimuutta ja eri sidosryhmien mukanaoloa. Uutena komiteana on aloittanut mm. yli vaalien toimiva sosiaaliturvan kokonaisuudistusta valmisteleva parlamentaarinen komitea. Voidaankin sanoa, että nämä merkit viittaavat siihen, että perusteellisempi virkamiespainotteinen valmistelu on jälleen nousemassa arvoon.

TASAPAINOT

Merkittävä muutoksen alue liittyy poliittis-hallinnollisen järjestelmän ja koko yhteiskunnan tasapainoihin. Kahden hyvinvointivaltion rakentamiskauden aikana on näissä tasapainoissa, joita ovat julkisen ja yksityisen sektorin välinen suhde, politiikan ja hallinnon välinen suhde sekä keskityksen ja hajautuksen välinen suhde, tapahtunut merkittäviä muutoksia. Ensimmäisen ja toisen hyvinvointivaltion rakennuskauden aikana näitä tasapainoja ei selvästikään ehditty pohtia kovin tarkasti. Niinpä hyvin keskitetystä järjestelmästä siirryttiin kertaheitolla virastoille ja laitoksille sekä kunnille hajautettuun järjestelmään. Vastaavasti liikelaitostaminen ja erityisesti yhtiöittäminen ovat oleellisesti muuttaneet julkisen ja yksityisen välistä tasapainoa yhteiskunnassa. Ei ole kysymys ainoastaan markkinoiden toiminnasta vaan myös siitä, että kansalaiset saavat tasavertaisina heille kuuluvat julkiset palvelut.

Politiikan ja hallinnon välinen rajapinta on kaikkein vaikeimmin tarkkailtava muutos mutta näyttää ilmeiseltä, että erityisesti 2000-luvulla politiikan ote on voimistunut virkamiesvalmistelun kustannuksella. Tähän on vaikuttanut monia syitä poliittisten johtajien aktiivisuudesta avustajien lukumäärän voimakkaaseen kasvuun. Pelisäännöt tällä rajapinnalla ovat valitettavasti jääneet epäselviksi, mikä on heikentänyt virkamiesjohdon mahdollisuuksia vastata laadukkaasta tehtäviensä hoidosta.

Hyvinvointivaltion kolmas kehitysvaihe tulee edelleen vaikuttamaan mainittuihin tasapainoihin mutta olisi yhteiskunnan kannalta toivottavaa, että muutokset tapahtuisivat perusteellisesti valmisteltuina ja koordinoituina. Hyvinvointivaltion kolmannessa kehitysvaiheessa nämä tasapainot voisivat olla tietoisia ratkaisuja, jotka soveltuvat suomalaiseen yhteiskuntaan. Tällaisia tekijöitä, jotka tässä yhteydessä pitäisi ottaa huomioon, ovat oikeusvaltiotraditio, maantieteellinen laajuus ja alhainen asukastiheys, voimakas positiivisena koettu virkamiestraditio, jonka varaan hyvinvointivaltio rakennettiin sekä poliittisen demokratian traditio, joka perustuu riittävään sääntelyyn ja vakauteen.

SUOMEN MALLI

Hyvinvointivaltion kehittämisen kolmas vaihe ja tulosjohtamisen jälkeinen malli voisi tietoisesti pyrkiä ns. Suomen malliin, jota pohdittaessa erityisesti painotettaisiin suomalaisen yhteiskunnan erityispiirteitä. Hyvinvointivaltion toisen rakennuskauden ehkä merkittävin ongelma oli se, että uudistamisideat tulivat Suomen ulkopuolelta. Nyt yhteiskuntaa edelleen kehitettäessä on hyvät mahdollisuudet rakentaa todella toimivia järjestelmiä, jotka soveltuvat tähän yhteiskuntaan. Toki kansainvälinen vertailu on tärkeä osa kaikkea kehittämistyötä.

Toimiva aluehallinto on ollut kautta vuosien tärkeä kehittä-
miskohde ja on sitä edelleen hyvinvointivaltion kolmannen ke-
hittämisvaiheen aikana. Alueellisessa kehittämisessä ovat puolue-
poliittiset intohimot liikaakin korostuneet ja estäneet näkemästä
koko yhteiskunnan tarvetta hallita pinta-alaltaan laajaa maata.
Kasvukeskusten ja koko maan kehittäminen eivät voi olla keske-
nään ristiriitaisia tavoitteita vaan hyvinvointivaltion kolmannes-
sa kehitysvaiheessa ne on saatava toimimaan paremmin tasapai-
nossa. Tämä edellyttää myös sitä, että talousvaikeuksissa olevien
kuntien tilanne pystytään tässä kolmannessa kehitysvaiheessa
korjaamaan sekä kuntien toimintamahdollisuudet ratkaisemaan
realistisesti samalla turvaten kunnallinen demokratia. Tämä
edellyttää tyypillisesti laaja-alaista, kaikki intressiryhmät mukaan
kytkevää innovatiivista valmistelua. Suomessa on hieno kunnal-
lisen demokratian traditio mutta Suomessakin ehkä tarvittaisiin
enemmän erilaisia kuntaratkaisuja, jotka pystyvät joustavammin
ottamaan huomioon kuntien erilaiset olosuhteet.

Rationalisointikonferenssista Eurooppaan ja maailmalle

Pohjoismaiset mallit

1960-luvun aikana Suomen julkishallinnolla oli vain vähän kansainvälisiä yhteyksiä. Itse asiassa yhteydet Ruotsiin olivat kansainvälisen toiminnan ydin ja ainoa merkittävä alue. Toiminta perustui pääasiassa siihen, että Suomen ministeriöillä, virastoilla ja laitoksilla oli suorat yhteydet Ruotsin kollegaorganisaatioihin. Kansainvälinen yhteistyö riippui käytännössä Suomen omasta aktiivisuudesta.

Hallinnon kehittämisen alueella oli tukijärjestelmä, jota kutsuttiin rationalisointikonferenssiksi (RAKO), ja joka järjestettiin vuosittain jossakin Pohjoismaassa. Nämä tilaisuudet olivat Suomen kannalta erityisen mielenkiintoisia. Suomalaisilla virkamiehillä oli mahdollisuus kuulla Ruotsin Statskontoretin ja muiden keskushallinnon organisaatioiden asiantuntijoiden esityksiä siitä, miten Ruotsin hallintoa tuolloin oltiin kehittämässä. Voi sanoa, että monet organisaation rakenteisiin ja jopa toimintamalleihin liittyvät uudistusideat tulivat suomalaisten virkamiesten korviin juuri näissä kokouksissa.

Ongelmana oli suomalaisten virkamiesten rajoitettu kielitaito. Pohjoismaiset kokoukset pidettiin ruotsin kielellä, jota kaikki virkamiehet eivät riittävän hyvin osanneet. Tanskalaisten ja norjalaisten puheiden ymmärtäminen oli luonnollisesti erityisen vaikeaa. Laajat kirjalliset materiaalit auttoivat kuitenkin asioiden ja ideoiden kantautumisessa Suomen ministeriöihin ja virastoihin.

OECD – VÄYLÄ LAAJEMPAAN KANSAINVÄLISYYTEEN

Edellä kuvattu oli tilanne koko 1960-luvun ja 1970-luvun alun. Sen jälkeen kuvaan tuli mukaan myös OECD:n tekninen komitea, jonka kautta laajempi kansainvälinen kenttä tuli vähitellen tutuksi. Komitean kokouksissa käsiteltiin OECD:n jäsenmaissa vireillä olevia mielenkiintoisia hallinnon uudistushankkeita. OECD:n teknisen komitean kokouksissa nousivat pintaan saksalaisten, ranskalaisten ja erityisesti brittien organisaationäkemykset mutta myös yhteistä kiinnostavaa materiaalia oli runsaasti. Vaikka Ruotsi oli näissä kokouksissa varsin passiivinen, niin pohjoismainen hallinto herätti varsin suurta kiinnostusta laajemminkin.

OECD:n osastopäällikkö Derry Ormond suhtautui suomalaisiin erityisen auttavaisesti ja apulaisosastopäällikkö Ravi Kapil osoittautui lämpimäksi Suomen ystäväksi. Myöhemmin Kapil mm. vietti 60-vuotispäiviään Saariselällä, jolla vierailulla hallinnon kehittäminen oli keskeinen teema mutta jossa suomalaiset kollegat myös yrittivät, huonolla menestyksellä, opettaa OECD-kollegaansa hiihtämään.

VALMENTAUTUMINEN EU-JÄSENYYTEEN

Eurooppalaiset yhteydet koko valtionhallinnossa ja yksittäisten virastojen tasolla lisääntyivät Suomen hallinnon valmentautuessa Euroopan unionin jäsenyyteen. Kuten aiemmin on kuvattu, 1990-luvun alkupuolella Suomi lähti systemaattisesti valmentamaan virkamiehistöään Euroopan unionin (tuolloin Euroopan Yhteisö) jäsenyyteen. Valmentautuminen strukturoitiin v. 1993 laaditun EU-valmennusstrategian kautta, joka rakennettiin VM-johtoisesti alivaltiosihteeri Juhani Kivelän johdolla. Tarve ja innostus koulutukseen oli suurta ja kasvoi syksyn 1994 kansanäänestyksen ja vuoden 1995 odotettavissa olevan jäsenyyden lähestyessä. Vuosi 1994 oli valmennuksen kulta-aikaa, jolloin koulutusta Euroopan yhdentymisestä, EU-toimielimistä, EU:n toiminta-alueista, eurooppaoikeudesta ja mm. neuvottelutaidosta järjestettiin keskitetysti silloisessa Valtionhallinnon kehittämiskeskuksessa, yliopistojen täydennyskoulutuskeskuksissa, ministeriöissä ja virastoissa sekä pääkaupunkiseudulla että ympäri Suomea. Uusia julkaisuja syntyi reippaasti ja suomalaisten kouluttajien pooli kasvoi sitä mukaan kun osaaminen ja kokemus EU-asioista lisääntyivät. Voidaan kysyä näin jälkikäteen, vaikuttiko massiivinen koulutus myös kansanäänestyksen tulokseen. Ennen kansanäänestystä oli tavallista, että erityisesti laajoilla peruskursseilla eri puolella Suomea syntyi intensiivistä keskustelua siitä, onko EU-asioita järkevää opiskella jos kansa antaakin äänestäessään ei-vastauksen. Suomen kansan enemmistö vastasi kyllä ja suomalaiset virkamiehet olivat hyvin valmennettuja käytännön eurooppalaiseen yhteistyöhön.

Osana koulutusta virkamiehiä vietiin myös seminaareihin ja opintomatkoille vanhoihin jäsenmaihin ja luotiin uusia virastotason kontakteja. Opiskeltiin käytäntöjä ja vertailtiin aikaisempaa enemmän kokemuksia myös hallinnon kehittämisestä ja hyvinvointivaltion rakenteista ja tehtävistä. Keskustelu sai luonnollisesti syvyyttä jäsenyyden myötä yhteisissä EU-kokouksissa ja työryhmissä.

Tämä aika oli voimakasta eurooppalaisuuden ja kansainvälisyyden opiskelua, vaikka ymmärrettiinkin, että jäsenyyden aikana EU-asiat tulevat osaksi kansallista kotimaan hallintoa, ne tulevat koskemaan kaikkia johtavia virkamiehiä ja jollain tasolla koko hallintoa eikä niitä voida ulkoistaa pelkästään ministeriön kansainvälisen yksikön tehtäviksi.

Merkittävä keskitetty koulutusponnistus oli myös valmistautuminen Suomen ensimmäiseen EU-puheenjohtajuuteen v. 1999. Myös sitä varten laadittiin oma valmennusstrategia, jonka kautta virkamiehiä koulutettiin hyvin konkreettisesti hoitamaan tuloksellisesti puheenjohtajuuden velvoitteet ja tehtävät. Mielenkiintoinen kohta tätä valmennusta oli myös uuden Venäjän tuntemus. Suomi lienee ollut ainoa maa, joka näinä vuosina, 1990-luvun jälkipuolella, vei keskitetyn VM:n rahoittaman ja Hallinnon kehittämiskeskuksen (HAUS, ent. VKK) toteuttaman ohjelman kautta suuren joukon (n. 150 henkilöä) johtajiaan kolmen päivän korkeantason koulutukseen Moskovaan. Näiden ohjelmien sivutuotteena myös monia uusia yhteyksiä avattiin. Tässä keskeisenä väylänä oli jo aiemmin kuvattu Kansallisen strategian kehitysohjelma.

EU-RAHOITUKSELLA MUIHIN MAIHIN

Euroopan unionin jäsenyys antoi Suomelle mahdollisuudet päästä mukaan Euroopan unionin rahoittamiin kehittämishankkeisiin. 1990-luvun puolivälissä Suomen ensimmäiset hankkeet olivat teknisen avun hankkeita, joita toteuttivat pääosin yksityiset kehittämishankkeita hoitavat yritykset ja joihin VKK/HAUS lähti mukaan valtion liikelaitoksena. Hallitusten väliset Twin-ning-hankkeet käynnistyivät vuosikymmenen lopussa. Twinning antoi mahdollisuudet myös ministeriöille, virastoille ja laitoksille lähteä viemään suomalaista hallinnon osaamista muihin maihin ja samalla saada yhteyksiä ja osaamista uusien demokratioiden rakentamisesta sekä maista, joiden tuntemus tuolloin oli vielä varsin vähäistä. Tämä todettiin monta kertaa mm. ensimmäisten vuosien Viron hankkeista, joihin suomalaiset mukaan mielellään lähtivät. Viron hallintoa ei juurikaan entuudestaan tunnettu, vaikka maassa oli muutoin vierailtu kymmeniä kertoja.

Suomalaiset toimijat ja viranomaiset pyrkivät nopeasti saa-maan jalansijaa eurooppalaisessa hankemarkkinassa. Erityisesti virastoille kansainvälinen hanketyö oli vielä uutta mutta eräät virastot lähtivät siihen reippaasti mukaan. Jäsenyyden alkuvai-heessa uudella jäsenmaalla on lähtökohtaisesti hyvä tilanne ja suomalaiset olivatkin haluttuja kumppaneita näillä markkinoilla. Paljon piti toki oppia myös kantapään kautta.

HAUS sai merkittävän aseman Twinning-hankkeiden toteut-tajana ja onnistuneiden hankkeidensa kautta on myös pystynyt keskeisen roolin tässä pitämään, vaikka kilpailu onkin koventu-nut uusien jäsenmaiden myötä. Euroopan uusia demokratioita kiinnostavat suunnilleen kaikki kokemuksemme ja saavutuk-semme – eikä vähäisimpänä hyvinvointivaltion rakentaminen sen varhaisimmista askeleista alkaen.

Mitä opittu?

Toimiminen kansainvälisessä hankkeessa kuten EU:n Twinnin-gissä tarkoittaa aina oppimista kaikille siinä mukana oleville. Suomalaisille virkamiehille tämä on antanut uudenlaisia mah-dollisuuksia tutustua myös eurooppalaisiin kumppaneihin niin nykyisissä jäsenmaissa kun myös EU:n ulkopuolella kuten Euroopan unionin kumppanimaissa. Pienen jäsenmaan resurssit hankkeisiin osallistumiseen ovat luonnollisesti aina rajallisemmat kuin suurissa jäsenmaissa mutta toivottavasti myös jatkossa eurooppalainen ja kansainvälinen hanketyö mielletään tärkeäksi väyläksi sekä virasto- että virkamiestason osaamiseen ja kansainväliseen yhteistyöhön.

KOKEMUKSIA, NÄKEMYKSIÄ JA HAAVEILUA

Hyvinvointivaltio on lähtökohtaisesti hyvä ja edelleen toimiva pohjoismainen ja suomalainen malli. Tärkeää onkin, että se yhdistää meidät muihin Pohjoismaihin sekä pohjoismaiseen perinteiseen oikeusvaltiotraditioon nykyaikaisella tavalla. Tähän päivään mennessä jo koetut yli 60 vuotta ovat nostaneet esille sekä hyvinvointivaltion ansioita että myös sen ongelmia.

Kuten edellisistä luvuista ilmenee, hyvinvointivaltiota on ollut eri aikoina rakentamassa monia innokkaita ja päteviä ihmisiä, sekä virkamiehiä että poliitikkoja. Kuitenkin isot asiat syntyvät usein puolivahingossa. Saattaa olla niin, että hyvinvointivaltio on osittain ollut myös moninaisten onnekkaiden sattumien summa. Näitä onnekkaita sattumia olivat mm. Korean sodan aiheuttama talouden nousu ja useissa eduskuntavaaleissa tullut poliittinen tuki, joka loi kehittämiseen jatkuvuutta.

Jo aiemmissa kirjoituksissa on todettu (Joustie ym. *Hallinnon tutkimus* 2/2015), että hyvinvointivaltiota on kohdannut kannatuskriisi, ohjauskriisi ja kustannuskriisi. Kannatuskriisi murentaa kansalaisten luottamusta hyvinvointivaltiota kohtaan. Ohjauskriisi liittyy hyvinvointivaltion toimintakykyyn. Kustannuskriisi johtuu hyvinvointivaltion laajentumisesta ja verotulojen riittämättömyydestä.

Nykyisistä ongelmista voidaan lisäksi mainita päätöksenteon hajanaisuus sekä poliittis-hallinnollisen järjestelmän piirissä esiintyvä epäselvyys politiikan ja hallinnon välillä. Tämänkaltaisten epäkohtien korjaamiseksi tarvittaisiin Suomessakin professori Geert Bouchardin jo aiemmin mainittua ajatusta siitä, että nopean kehityksen jälkeen tarvitaan selventävää uudelleen arviointia sekä kokonaisuuden kannalta että monessa hankkeessa ja uudistuksessa.

VAHVEMPI ALUEHALLINTO

Suomen tapauksessa uudelleen arvioinnin tarpeesta ovat selvimpiä esimerkkejä hajanaisen aluehallinnon uudelleen kokoaminen sekä eräiden hyvinvointivaltion kannalta merkittävien virastojen toimivallan laajentaminen valtakunnallisesti. Tärkeiden uudistushankkeiden tulevaisuutta ei voida jättää pelkästään maakunnallisen kehittämisen ja saavutusten varaan.

Suomi on pinta-alaltaan suuri maa ja väestötiheydeltään Euroopan harvaan asutuin. Silti meidän on kyettävä varmistamaan toimiva hallinto kaikissa osissa maata. Pelkästään heikkenevä taloudellisten ongelmien kanssa kamppaileva kunnallishallinto ei yksin pysty tästä vastaamaan. Tämäntyyppiset laajasti hallintoa sivuavat ratkaisut koskevat kaikkia osapuolia koko maassa ja eivät siten voi olla pelkästään paikallisia tai puoluepoliittisia.

VIELÄ VAHVEMPI VALTIOVARAINMINISTERIÖ

Valtiovarainministeriölle olisi hyvä antaa nykyistä laajemmat valtuudet suunnitella ja toteuttaa merkittäviä hallintouudistuksia riittävin resurssein. Kaikilla uudistuksilla on aina merkittäviä taloudellisia vaikutuksia. Tämä tarkoittaisi valtiovarainministeriön toimivallan palauttamisesta ainakin osittain sille tasolle, mikä sillä oli hyvinvointivaltion ensimmäistä vaihetta rakennettaessa. Tänä päivänä luonnollisesti saumaton yhteistyö valtionneuvoston kanslian ja muiden ministeriöiden kanssa korostuu huomattavasti aiempaa enemmän.

TASAPAINOISTA HUOLEHTIMINEN

Oleellinen muutos valtionhallinnon hallintopolitiikassa olisi tärkeistä tasapainoista huolehtiminen: hallinnon ja politiikan suhde, julkisen ja yksityisen suhde sekä keskityksen ja hajautuksen suhde. Kaikissa näissä kolmessa tasapainossa on viime vuosikymmeninä tapahtunut osin hallitsemattomia nopeita muutoksia. Nämä muutokset voivat vaarantaa poliittis-hallinnollisen järjestelmän toimintakykyä. Politiikan vahvistuminen virkamiesaseman kustannuksella voi pahimmillaan merkitä virkamiesaseman heikkenemistä ja siten virkavalmistelun tason laskua.

Viime vuosien uudistukset, jotka ovat tuoneet mukanaan poliittiset valtiosihteerit, johtavien virkamiesten määräaikaisuuden sekä erityisesti kasvaneen joukon poliittisia avustajia, ovat kaikki vaikuttaneet politiikan ja hallinnon väliseen tasapainoon. Erityisesti poliittiset avustajat ovat osin epäselvillä rooleillaan luoneet uuden kitkapinnan poliittisten päättäjien ja virkamiesjohdon välille.

Keskityksen ja hajautuksen oleelliset muutokset voivat merkitä hallituksen ja eduskunnan ohjauksen heikkenemistä hallinnon liiaksi hajautuessa. Tällöin myös poliittisen päätöksentekijän on vaikea saada kokonaiskuvaa tärkeiden uudistusten valmistelusta ja niiden etenemisestä.

Yksityisen ja julkisen välinen työnjako on näistä kaikkein sala-
kavalin sillä siirrot julkiselta yksityiselle ovat käytännössä peruut-
tamattomia. Yksityisen sektorin laajentuessa julkisen sektorin
tyypillisille alueille on problemaattista koska silloin kansalaisten
tasa-arvoisuus ja oikeusturva eivät välttämättä toteudu.

VALTIONYHTIÖIDEN OHJAUS- JA JOHTAMISHAASTEET

Harmillisen paljon on tullut esimerkkejä yhtiöitettyjen ja yksi-
tyistettyjen valtion toimijoiden ohjaus- ja johtamisohjelmista.
Ongelmia ja puhdasta osaamattomuutta on ollut sekä valtion ja
eri ministeriöiden omistajaohjauksessa että yhtiöiden hallituksis-
sa. Olisikin tärkeää, että valtion omistamissa yhtiöissä olisi myös
riittävä valtionhallinnon ja yhteiskunnan tuntemus. Yleisen ta-
son hallitusammattilaisuus ei näissä valtionyhtiöissä riitä.

Toimitusjohtajatasolla valtion yhtiöiden johtamisessa on
edelleen relevantti aikanaan opittu malli, jonka mukaan toimi-
tusjohtajalta vaadittiin sekä poliittis-hallinnollisen järjestelmän
että liikkeenjohdon tuntemusta. Valtionyhtiön johtamisessa toki
pätevät normaalit hyvän johtamisen periaatteet mutta sen lisäk-
si tarvitaan laajaa yhteiskunnallista ymmärrystä. Toisaalta myös
ohjaavassa ministeriössä on tunnettava liike-elämän lainalaisuu-
det.

HALLINNON TUTKIMUS – MITÄ TUTKIMUSTA KAIVATAAN?

Suomalainen hallinnon tutkimus ja sen kehitys on läheisesti
liittynyt hyvinvointivaltion kehitykseen. Hyvinvointivaltion en-
simmäisellä rakennuskaudella yhteistyö yliopistojen ja hallinnon
kehittämisorganisaatioiden välillä oli kiinteää. Valtiovarainminis-

teriön yhteistyö Tampereen ja Vaasan yliopistojen kanssa tuotti runsaasti hallinnon tutkimusaineistoa, jota saatettiin hyödyntää hallinnon kehittämishankkeissa. Mainittakoon, että esimerkiksi professori Ari Salmisen uran alkuvaiheisiin liittyi merkittäviä yhteistyöhankkeita valtiovarainministeriön järjestelyosaston kanssa.

Virastovaltuutettu Seppo Salminen korosti hallinnon tutkimusta kehittämishankkeiden tukena. Hän meni jopa niin pitkälle, että järjestelyosastolle perustettiin hallinnon tutkimustoimisto. Se ei kuitenkaan kantanut kovinkaan mittaviin saavutuksiin ja toimisto lakkautettiinkin myöhemmin. Toimiston suurin saavutus oli kirja hallinnon tutkimuksesta, jonka professori Kaarlo Tuori ja Valtion koulutuskeskuksen asiantuntija Jaakko Virkkunen saattoivat loppuun.

Hallinnon tutkimuksen ensimmäisille vuosille ominaista oli nimenomaan valtionhallinnon tutkimus mutta myöhemmin erityisesti Tampereen yliopistolla tutkimuksen painopiste siirtyi kunnallistieteiden suuntaan. Loppujen lopuksi 1990-luvulta alkaen valtionhallinnon kehittämishankkeet eivät juurikaan ole saaneet tukea hallinnon tutkimukselta. Yliopistojen professoreja ja asiantuntijoita on toki käytetty erilaisissa ministeriöiden tilaamissa selvitystehtävissä.

Tämän päivän arvion mukaan hallinnon tutkimuksen ajankohtainen ongelma on sen pirstaloituminen pieniin, lähinnä kunnallishallintoon liittyviin oppinäytetutkimuksiin. Laajemmat valtionhallinnon kehittämistä tukevat tutkimushankkeet ovat olleet harvassa. On vaikea yksityiskohtaisesti sanoa mitä valtionhallinnon tutkimuksia jatkossa tarvittaisiin mutta tämä pääsuuntaus pitäisi saada muuttumaan.

Viime vuosilta mm. sote-uudistukseen liittyvä hallinnon tutkimus on ollut minimaalista. Merkittävä maakuntahallinnon rakentamiseen liittyvä hallinnon tutkimus on käytännössä puuttunut, vaikka sen olisi olettanut olevan yksi keskeinen tutkimusalue uutta hallinnontasoa luotaessa. Ilmeisesti ongelmia on sekä tutkimuksia tilaavalla puolella että yliopistojen vastuulla olevassa hallinnon tutkimuksessa. Varoja tähän ei ole ollut riittävästi käytettävissä.

Suomalainen Hallinnon tutkimuksen seura on osaltaan pitänyt yllä hallinnon tutkimustraditiota. Julkaisuissaan myös sen pääpaino on viime vuosina ollut varsin kunnallishallintopainotteista.

Siihen nähden, että Suomi on mukana 27 jäsenmaan Euroopan unionissa, EU:n sisäinen vertailututkimus on ollut kovin vähäistä. Kaikista yksittäisistä jäsenmaista ei edes ole saatavilla Suomessa analysoitua perustietoa hallinnon rakenteista ja toimintatavoista. Toivottavaa olisikin, että suomalaiset yliopistot olisivat huomattavasti enemmän mukana eurooppalaisissa yhteisissä tutkimushankkeissa, joiden kautta myös arvokkaita tutkimusyhteyksiä pystyttäisiin rakentamaan ja hyödyntämään.

HALLINTOTIETEEN JA VIRANOMAISTEN YHTEISTYÖ

Hallintotiede on nuori tieteenala, joka on kehittynyt Suomessa itse asiassa yhdessä hyvinvointivaltion rakentamisen kanssa. Hallintotieteen asema valtiotieteellisessä kokonaisuudessa on ollut viime vuosina kuitenkin liian heikko. On unohdettu, että myös valtio-opillisen, muun kuin hallintotieteen, tutkimuskohde on poliittis-hallinnollinen järjestelmä, joka muodostaa kokonaisuuden. Suomessa erityisongelmana on ollut kunnallishallintoa

koskevan tutkimuksen liiallinen eriytyminen yleisestä hallinto-
tieteestä.

Tulevan korjaavan kehityksen kannalta tärkeää olisi uudel-
leen elvyttää toimivat yhteydet käytännön hallinnon ja hallin-
totieteen välillä. Molemmat tarvitsevat toisiaan. Tutkimus voi
tietysti perustua tutkijoiden itsenäisiin tutkimusteemoihin mut-
ta hallintotieteen laajemman menestyksen kannalta olisi hyvä,
että hallinto omista lähtökohdistaan myös esittäisi yliopistoille
tutkimushankkeita. Näin tapahtui aiemmin 1960–70-luvuilla
eikä tarve tähän yhteistyöhön ole suinkaan poistunut. Mitään
ristiriitaa tällaisten hallinnon esittämien tutkimushankkeiden ja
yliopistojen tutkimuksellisen itsenäisyyden välillä ei käytännössä
ole. Jos ongelmia ilmenee, tutkijoilla on aito mahdollisuus tuo-
da esille tutkimuksellisen itsenäisyyden edellyttämät lähtökoh-
dat. Jatkossa on myös toivottavaa, että hallinnon tutkimuksesta
kiinnostuneita virkamiehiä kannustetaan tekemään tutkimus-
työtä aina väitöskirjatasolle saakka, mikä edistää varmasti myös
virkatyötä virkamiehen päästessä ymmärryksessään syvemmälle
tasolle.

Hyvä esimerkki hallinnon ja yliopistojen välillä on arviointi-
tutkimus. Viime vuosina arviointitutkimusten määrä on kasva-
nut siinä määrin, että voidaan puhua arviointitutkimuksen tradi-
tiosta Suomessa. Tämän tutkimuksen piirissä on paljon osaajia.
Olisikin tärkeää, että arviointitutkimukseen liittyvä järjestelmä,
jossa viranomaiset, lähinnä ministeriöt, tilaavat arviointitutki-
muksia, vakiintuisi ja ehkä sillä tulisi olla hallinnon sisällä kes-
kitetty johto, kuten Petri Uusikylä väitöskirjassaan esittää (Uusi-
kylä Petri: *Endeavour to Find Evidence – The Role of Evaluation in
Complex Systems of Governance, 2019*).

Summa summarum

Hyvinvointivaltion toista rakentamiskautta voidaan pitää monella tavoin edistyksellisenä ja tuloksellisena hyvinvointipalvelujen kehittämisenä. Ongelmia on kuitenkin aiheutunut siitä, että hyvinvointivaltion toisen rakennuskauden kehitys on ollut rosoista. Suuresta joukosta kehittämisideoita, joilla on pyritty parantamaan hyvinvointivaltion palveluita, on koostunut monia pieniä menovirtoja, jotka ovat nostaneet hyvinvointivaltion kustannuksia. Monessa tapauksessa voidaan kysyä, ovatko nämä kaikki menolisäykset ja kehittämisehdotukset olleet välttämättömiä.

Hyvinvointivaltion organisaatiota on kehitetty monessa tapauksessa ulkomaisten esikuvien mukaan toteuttamalla tilaaja-tuottaja-malleja ja esimerkiksi asiamiesposteja postien omien toimistojen sijasta. Tällainen kehitys on merkinnyt joissakin tapauksissa valtion ja koko yhteiskunnan infrastruktuurin tehtävien hämärtymistä ja itse asiassa asiakaspalvelun heikentymistä. Paras esimerkki lienee juuri valtion kokonaan omistama posti, jossa käydään nyt kovaa kamppailua siitä, miten Posti voisi toimia koko maan tarvitsemana infrastruktuurina. Kamppailu kertoo siitä miten julkisen ja yksityisen rajaa pyritään poliittisin argumentein siirtämään.

Hyvinvointivaltion ensimmäisen rakentamiskauden yhtenä ominaispiirteenä oli laaja poliittinen konsensus, joka tosin saavutettiin monesti vasta pitkien neuvottelujen jälkeen. Hyvinvointivaltion toiselle rakennuskaudelle oli sen sijaan ominaista jyrkkäkin jako, mikä liittyi yksityisen ja julkisen rajaan yhteiskunnassa. Sen sijaan voi jopa ihmetellä sitä, miten vähän on tuotu yhteiskunnallisesti esille hajautuksen ja keskityksen problematiikkaa.

Yhteenvetona hyvinvointivaltion toisesta rakennuskaudesta voidaan todeta sen dynaamisuus ja hyvinvointipalvelujen laajentuminen monien yksityiskohtien osalta. Toisaalta hyvinvointivaltion toisen rakennuskauden ohjausjärjestelmät ovat osoittautuneet liian heikoiksi pitämään kurissa hyvinvointivaltion laaja kehityskapasiteetti. Tässäkin nousee esille kysymys siitä, miten hyvinvointivaltiota voitaisiin ohjata tehokkaammin ja tuloksellisemmin.

Hyvinvointivaltion kolmatta kehitysvaihetta on luonnehdittu poliittisten kompromissien ja heikon virkamiesvalmistelun kaudeksi. Tasapainoa poliittisen päätöksenteon ja toimivan virkamiesvalmistelun välillä tarvitaan ja siitä onkin jo myönteisiä merkkejä viimeaikaisessa kehityksessä kuten komiteoiden käyttöönotto tärkeiden laajakantoisten hankkeiden valmistelussa.

Hyvinvointivaltion kolmannessa kehitysvaiheessa tarvitaan innovatiivisia, hyvin johdettuja ja koordinoituja kehittämisponnistuksia. Tässä kehittämistyössä tulee myös osata tehdä valintoja, kaikkea ei voida toteuttaa yhtä aikaa. Hyvinvointivaltion kolmatta vaihetta kuvaavatkin innovaatiot ja oikeat valinnat. Virkamiesten osaaminen on avainasemassa. Osaamisen kehittämisen rakenteet ja sisällöt elävät ja niiden tulee jatkuvasti vastata ajan vaateisiin. Tänä päivänä korostuvat erityisesti johtaminen, laaja talouden ymmärrys, digitalisaatio, kansainvälisyys, uudenlainen HR ja monet muut uudet teemat ja vanhojen teemojen sisältöjen muutokset.

Kaiken kaikkiaan hyvinvointivaltion kolmannen vaiheen yllä leijuu monia kysymysmerkkejä. Tarvittaisiin parempaa tasapainoa poliittisen päätöksenteon ja virkamiesvalmistelun välillä sekä keskitetyn ja hajautuksen että yksityisen ja julkisen toiminnan välillä. Nämä tasapainoja koskevat selkeät ratkaisut toisivat vankempaa pohjaa kolmannen kehitysvaiheen etenemiselle.

Tämän hetken hallinnon kehittämisen ilmeinen ongelma on ministeriötason valmisteluorganisaation sekavuus. Valtuudet vastuuorganisaatioilla ovat riittämättömät. Suomessa on vuosikymmeniä keskusteltu siitä pitäisikö päävastuu hallintouudistuksista olla valtiovarainministeriöllä vai valtioneuvoston kanslialla. Tämä keskustelu on jo vanhanaikaista koska laajojen hallintouudistusten valmistelu edellyttää joka tapauksessa useiden ministeriöiden yhteistyötä. Tällaista yhteistyötä kuvaa 1990-luvulla käytössä ollut hallinnon kehittämisen ministerivaliokunta HAL-KE, josta saadut kokemukset olivat pääosin myönteisiä mutta joka lopetettiin hallinnon kehittämisen organisaation laajempien muutoksien, ja tosiasiassa heikennysten, yhteydessä. Vastaavanlainen ministerivaliokunta saattaisi olla paikallaan jatkossakin.

Varsinainen hallintouudistusten organisaatio voisi rakentua valtiovarainministeriön ja valtioneuvoston kanslian hyvään yhteistyöhön siten, että valtioneuvoston kanslia vastaa uudistuspolitiikan suuntaviivoista ja valtiovarainministeriö uudistusten arkkitehtuurista ja toimeenpanon valvonnasta. Nämä vastuut luonnollisesti edellyttävät kummankin organisaation nykyistä vahvempaa statusta ja resursointia mutta tärkeintä on luoda toimiva hyvä yhteistyökäytäntö näiden kahden avainorganisaation ja edellä mainitun mahdollisen ministerivaliokunnan välille. Tässä yhteydessä tulisi hoitaa myös arviointitoiminnan organisointi valtioneuvoston kanslian vastuualueella. Kyseinen organisaatiomalli soveltuisi tilanteeseen, jossa hallinnon uudistuspolitiikka vaihtelisi sisällöltään hyvin aktiivisten kausien ja tulevia uudistuksia valmistelevien kausien välillä.

Lopuksi vielä korostamme poliittisen päätöksentekijän ja virkamiesten saumatonta yhteistyötä. Molemmat tarvitsevat toisiaan niin kuin oli itsestään selvää hyvinvointivaltion ensimmäisellä rakennuskaudella. Tämän jälkeen suhde on kehittynyt selvästi huonompaan suuntaan. Virkamiehet tarvitsevat selkeää poliittista ohjausta ja poliitikkojen tulee voida luottaa ammattimaisen virkakunnan osaamiseen. Ensimmäinen hallintotieteilijätaustainen pääministerimme tämän varmasti erinomaisesti ymmärtää! Lisäksi laajoissa uudistuksissa tarvitaan aktiivista vuoropuhelua avoimen sektorin ja yritysjohdon kanssa. Ja kuten koronaviruksen keväänä 2020 on moneen kertaan vakuututtu: vahvaa valtionhallintoa tarvitaan ja tarve luonnollisesti korostuu silloin kun maan- ja jopa maailmanlaajuiseen kriisiin joudutaan.

Lähteitä ja tausta-aineistoa

Arno Hannuksen muistelmat. Moniste 15.12.1986.

Bouckaert Geert, Ormond Derry, Peters Guy: A Potential Governance Agenda for Finland. Ministry of Finance, Helsinki, 2000.

Bozeman Barry: All Organizations are Public. Comparing Public and Private Organizations, Beard Books, San Fransisco, 2004.

Byrokratiatalkoot. Loppuraportti. Valtiovarainministeriön järjestelyosasto, 1982.

Hallinnon hajautuskomitea, KM 1986:12.

Hannus Arno: Virkamiehen näkökulmasta. Porvoo 1979.

Joustie Heikki, Kivelä Juhani, Kuusela Jaakko, Temmes Markku, Tiihonen Seppo: Aikalaisanalyysiä suomalaisen hyvinvointivaltion lähtökohdista, kehityksestä ja ongelmista. Tampere. Hallinnon tutkimuksen seura, Hallinnon tutkimus 34, 2015/2.

Kansanedustaja Kekkosen eduskuntapuhe 10.12.1943 julkaisussa Valtiovarainministeriön järjestelyosasto 40 vuotta. Valtion painatuskeskus, Helsinki, 1984.

Karhu, Sami: Virasto-oloja suursiivoamaan. Valtionhallinnon rationalisointi- ja kehittämistyö 1940-luvulta 1990-luvulle. Valtiovarainministeriö, Gummerus Kirjapaino Oy, 2006.

Kivelä, Juhani: Valtiokonsernin talousohjauksen tila – tuki vai taakka? Tampere University Press. 2010.

KTM-81-komitea, KM 1981:59.

Käsler Dirk: Max Weber. An Introduction to his Life and Work. University of Chicago Press , 1988.

Liikenneministeriökomitea. KM 1969: B 41.

Numminen, Jaakko: Uudistukset tarvitsevat selkeän aikataulun. HS mielipide 11.3.2015.

Ohjautua vai johtaa. Johto-organisaatiotoimikunnan mietinnön 1989:8 liite.

Pollitt, Christopfer: Towards a new world: some inconvenient for Anglosphere public administration. International Review of Administrative Science. Vol.81(1) 3–17, 2015.

Pääministeri Paasion 18.9.1967 asettama työryhmä, selvitys ministeriöiden toiminnan tehostamisesta 30.12.1967, moniste.

Stenvall Jari: Käskyläisestä toimijaksi. Tampereen yliopisto. Tampere 2000.

Suomen komitealaitos, Valtiovarainministeriön järjestelyosasto. Helsinki 1976.

Syrjänen Olavi: Byrokratiasta businekseen. Hallintouudistusten oikeudellisia ongelmia. Valtiovarainministeriön hallinnon kehittämisosasto ja Edita. Helsinki, 1996.

Temmes Anneli: Matkalla opittua ja opetettua. HAUS-tarinoita vuosien varrelta. HAUS kehittämiskeskus Oy. Helsinki, 2019.

Temmes Anneli: Tavoitejohtamisesta tulosajatteluun, byrokratiasta tuloskulttuuriin: johtamisen ja kulttuurin muutoksista valtionhallinnossa. Valtionhallinnon kehittämiskeskus, VAPK-kustannus. Helsinki, 1990.

Temmes Markku: Julkiset asiantuntijaorganisaatiot. Helsinki, 1992.

Temmes Markku: Kolme keskeistä tasapainoa. Julkaisematon käsikirjoitus, 2019.

Temmes, Markku: Valtionhallinto – jatkuvuutta ja muutosta. Paikkana politiikka, toimittanut Pasi Saukkonen. Tietoa ja tulkintoja Suomen poliittisessa järjestelmässä. Acta Politica 26. Yleisen valtio-opin laitos. Helsingin yliopisto, 2003.

Temmes Markku ja Kiviniemi Markku: Suomen hallinnon muuttuminen 1987–1995. Valtiovarainministeriö, Helsingin yliopisto. Helsinki 1997.

Temmes Markku ja Vartiainen Pirkko: Tulevaisuuden johtaja – Valtionhallinnon johtajapolitiikan arviointiraportti. Valtiovarainministeriön julkaisusarja 7/2011. Helsinki, 2011.

Tiihonen Seppo: Hallitusvalta. VAPK-kustannus. Hallintohistoriakomitea. Helsinki, 1990.

Työvoimahallintokomitea. KM 1969: B 55.

Uusikylä Petri: Endeavour to Find Evidence – The Role of Evaluation in Complex Systems of Governance, 2019.

Valtionhallinnon henkilöstön integraatiovalmennuksen kehittäminen. Valtiovarainministeriö, valtion työmarkkinalaitos, 1993.

Valtionhallinnon organisaation uudistamiskomitea, KM 1958: 5.

Valtion keskushallintokomitea, KM 1975:120 ja 1978:22.

Valtion liikelaitoskomitea, KM1985:2.

Vartola Juha: Suomalaisen julkisen hallinnon tutkimuksen juuria etsimässä. Artikkeli. Tampereen yliopisto, 2011.

Vartola Juha: Valtionhallinnon kehittämisperiaatteista. Ministeriötutkimuksen osaraportti II. Tampereen yliopisto. Julkishallinnon julkaisusarja 1/1977.

Yliaska, Ville: Tehokkuuden toiveuni. Uuden julkisjohtamisen historia Suomessa 1970-luvulta 1990-luvulle. Into Kustannus 2014.

Ympäristöministeriökomitea, KM1982:59.